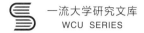

一流大学研究文库
WCU SERIES

世界一流大学
全球趋势与院校模式

World-Class Universities
Global Trends and Institutional Models

王 琪 刘念才 主编

林 婕 田 琳 翻译

上海交通大学出版社
SHANGHAI JIAO TONG UNIVERSITY PRESS

内容摘要

　　本书是上海交通大学教育学院召开的第八届"世界一流大学国际研讨会"的优秀论文集(中文版)。此次会议的主题是"世界一流大学：全球趋势与院校模式",旨在探讨世界一流大学如何应对社会变迁所带来的挑战和机遇。从国家的视角,本书分析了世界一流大学如何为全球共同利益做出贡献并平衡与协调其在全球、国家与地方中的作用,并揭示了发展高等教育生态系统对于追求学术卓越的重要性。从院校的视角,本书讨论了战略规划、教育平等与多样性、国际化合作等在建设世界一流大学中的重要性。

　　"世界一流大学国际研讨会"自 2005 年起每两年召开一次。会议聚集了来自世界各地的政策制定者、高校管理者和学者,共同探讨与世界一流大学有关的议题。

图书在版编目(CIP)数据

　　世界一流大学. 全球趋势与院校模式 / 王琪,刘念才主编；林婕,田琳译. —上海：上海交通大学出版社,2022.12
　　ISBN 978 - 7 - 313 - 27653 - 7

　　Ⅰ. ①世…　Ⅱ. ①王…　②刘…　③林…　④田…　Ⅲ. ①高等学校-研究-世界　Ⅳ. ①G649.1

　　中国版本图书馆 CIP 数据核字(2022)第 197782 号

世界一流大学：全球趋势与院校模式
SHIJIE YILIU DAXUE：QUANQIU QUSHI YU YUANXIAO MOSHI

主　　编：王　琪　刘念才		翻　　译：林　婕　田　琳	
出版发行：上海交通大学出版社		地　　址：上海市番禺路 951 号	
邮政编码：200030		电　　话：021 - 64071208	
印　　制：常熟市文化印刷有限公司		经　　销：全国新华书店	
开　　本：710 mm×1000 mm　1/16		印　　张：13.25	
字　　数：213 千字			
版　　次：2022 年 12 月第 1 版		印　　次：2022 年 12 月第 1 次印刷	
书　　号：ISBN 978 - 7 - 313 - 27653 - 7			
定　　价：78.00 元			

目 录

第一章
世界一流大学：全球趋势与院校模式

刘念才、吴燕、王琪
中国·上海交通大学

一、引言

　　"世界一流大学"，常常与"研究型大学"或"旗舰大学"交替使用，被视为学术体系的核心机构，在全球知识经济时代，对国家竞争力的提升至关重要。人们普遍认为，世界一流大学致力于在一系列学科领域中创造和传播知识、在各层面实施精英教育、服务于国家和地方，并为全球和国家公共利益作出贡献（Altbach，2009；Liu，2009；van der Wende，2009；Marginson 2018；Tian，2018）。它们对经济、社会、文化发展的作用和贡献不可或缺。在过去二十年中，发展世界一流大学被全球各利益相关者纳入其提升全球竞争力的重要政策议程。随着大学排名的被持续关注，这样一种追求"世界一流"的行动得以强化和显现（Salmi，2009；Hazelkorn，2011）。

　　在此背景下，上海交通大学高等教育研究院于 2005 年开始组织两年一度的"世界一流大学国际研讨会"。会议云集了来自世界各地的高校管理者、著名学者、政策研究者和政府官员，共同讨论与世界一流大学相关的议题。这些具有时效性的主题包括：从全球、国家和院校的视角发展学术卓越的战略和挑战，世界一流大学对全球高等教育的影响和作用，在实践中协调声誉与绩效之间的关系，以及这些一流大学对全球共同利益的贡献。

　　第八届世界一流大学国际研讨会于 2019 年 10 月举行。会议主题为"世界一流大学：全球趋势与院校模式"（World-Class Universities：Global Trends and

Institutional Models)。本书将为世界一流大学如何为全球共同利益作出贡献以及平衡其在全球、国家和地方中的作用提供了信息、见解和讨论。

二、世界一流大学不断发展：最近的趋势

本书的主题是在一个不断变化和复杂的世界背景下提出的。在经济、社会、文化和政治领域，变化是持续的、具有颠覆性的。在过去的二十年里，我们见证了重大的技术变革以及世界各国间日益紧密的联系，同时我们也看到了人们对全球化的质疑，对财富、经济和社会机会的不平等以及不断扩大的差距的质疑。在我们编纂本书期间，全世界正在一起抗击新冠疫情。这些挑战影响着高等教育的实践，并给世界一流大学带来越来越大的压力，它们需要有效应对这些社会变化带来的挑战。我们从最近关于发展世界一流大学的讨论和研究中发现了一些共同的趋势。

（一）日益强调世界一流大学服务于全球公共利益

尽管对世界一流大学的研究仍集中于讨论学术卓越的定义、特征和属性，以及建设世界一流大学的策略和方法，但最近越来越多的文献指出，世界一流大学在全球共同利益方面的双重作用：一方面，世界一流大学作为全球共同利益的一部分，强调全球发展与人类福祉；另一方面，世界一流大学通过开展全球性的科学研究并强调人类发展、全球连通性，为全球共同利益作出贡献（Marginson，2018；Tian，2018）。

这类讨论日趋重要，原因有二：一是，长期以来，高等教育一直被认为是一种公共利益，这种观点直到最近才受到质疑。公立和私立高等教育之间的简单二分法也受到了一系列的质疑，包括：日益增长的市场化和私有化，对削减公共资金的呼吁，高等教育利益相关者越来越多元化且非国家行为者更多参与其中，以及新兴的全球治理形式等（UNESCO，2015；Marginson，2018）。高等教育国际化，即全球各地的大学、院系和学生之间的合作和互动日益增多，削弱了民族国家的概念，因此公共利益的概念将"人类幸福局限于个人主义的社会经济理论"（UNESCO，2015，p.78），已难以适用于高等教育。二是，在当前高等教育全球化发展的背景下，大学的公民角色和社会责任面临挑战。研究者表示了这

样的担忧：高等教育正在成为一个"有顾客和利益相关者"的市场。世界一流大学也不例外,对学术卓越的追求已经传播到全球各地。无论是发达国家还是发展中国家的政府,都在积极追求学术卓越。然而,问题和讨论也随之而来。这些一流大学在市场力量的推动下,不断寻找额外的资金(由于近年来公共资金严重减少),受困于大量的排名游戏(见本书第四章和第五章)。追求卓越和对全球地位的争夺被批评为强化了已有的等级制度(Rhoads,Li & Ilano,2014)。此外,人们认为世界一流大学远离了更广泛的高等教育环境,因此人们质疑这些大学的社会责任和对当地社区的贡献受到削弱。

考虑到上述情况,全球共同利益的概念在界定高等教育的性质时采取了参与性的观点,并强调教育作为共同的社会行动与责任、致力于发展团结关系的集体性和包容性;它重视"所处环境、世界观和知识体系的多样性,同时尊重所有人的基本权利"(Rhoads,Li & Ilano,2014)。尽管如此,人们认为世界一流大学具有"开放的全球空间"的独特地位,并作为全球共益物品的一部分服务于世界(见本书第二章和第三章)。世界一流大学人才荟萃、资源丰富、治理有力,被认为能够把握机遇、应对挑战,提升可持续发展能力,造福全球;这些顶尖大学应该发展出世界一流的教育和研究,既服务于当地社会,又服务于全球需要。

（二）持续推进世界一流大学重点建设计划

为了追求学术卓越,世界各国政府和高等教育机构都采取了各种战略和方法。有大量的研究和文献分析比较了这些方法和激励措施。

在政府层面,世界上越来越多的国家和地区实施了越来越多的重点建设计划,以促进卓越发展。第一批重点建设计划主要发生在 20 世纪 90 年代至 21 世纪初的亚欧国家,包括中国的"985 工程"(1998 年)、日本的"卓越中心计划"(Centres of Excellence,2002 年与 2007 年)和"世界顶级国际研究中心计划"(World Premier International Research Center,2007 年)、韩国的"21 世纪智慧韩国工程"(Brain Korea 21,1996 年),以及德国、丹麦、芬兰、爱尔兰、挪威和加拿大的重点建设项目(Salmi,2018)等。近年来,这些国家继续推行这些重点建设计划,并同时启动新的项目,如日本的"超级国际化大学计划"(Top Global University Project,2014 年)。一些国家用新的举措取代了这些项目,如中国的"双一流"建设计划(2015 年,见本书第七章)。同时,近十年来其他国家政府也采取了这类

"集中和选择"(concentration and selection)的政策，如俄罗斯的"国家研究型大学计划"(National Research University Programme，2012 年)、沙特阿拉伯的"大学和教育城项目"(University and Education City projects，2012 年)、英国的"知识交流框架"(Knowledge Exchange Framework，2017 年)等。

在这些国家和区域，入选重点建设计划的大学和研究中心获得了额外且集中的资金投入，以发展优良的教学和研究。尽管有不同的组织和管理方法，这些建设计划都提出了追求卓越的明确目标，为"精选"出来的机构和研究中心提供充足的资金，并确保政府提供必要的政策支持。此外，这些竞争性的资助办法是由各国政府和有关组织提出、商定和立法的。立法过程将这些教育举措转化为法律法规，强化了政策的权威性和强制性。同时，这些资助计划进一步提高了院校之间的国际竞争意识。然而，也有一些担忧与挑战，如：政府如何能够维持其资金投入与资助力度，以及如何确保这样的重点建设计划不会干扰和阻碍整个高等教育系统有意义的改革等。

高等教育系统及各院校认识到，追求卓越的计划不能单独发挥作用，而适当的治理是决定大学表现的重要因素之一，因此，它们已越来越多地推行结构改革，以期为发展学术卓越提升治理能力。这些改革的重点包括领导力、战略规划(见本书第八章)、机会和公平(第九章)、机构与产业界在研究和创新方面的互动(第十章)、全球伙伴关系(第十一章)以及加强竞争环境和组织文化(第十二章)等方面。

(三) 发展一个追求学术卓越的高等教育生态系统

关于世界一流大学的文献表明，人们越来越重视发展世界一流大学体系(world-class university system)的重要性。这一点在本书中有所体现。高等教育扩张涉及所有高校的所有任务——科研、教学和社会服务，但重点不同。

阿特巴赫和萨尔米(Altbach & Salmi，2011)也提醒我们，教育改革和变革不是在真空中进行的，对世界一流大学运作的全面分析需要考虑院校发展的生态系统。生态系统包括宏观环境的要素、国家层面的领导、治理和监管框架、质量保证框架、财政资源、激励措施、信息获取、位置以及数字通讯基础设施等问题。由于每个国家的文化、社会经济和政治背景不同，其中一些因素可能是绝对必要条件，而其他因素并非完全不可或缺。然而，所有这些因素都相当重要。国家和监督高等教育系统的组织需要仔细评估国家与高校的需求、资源和长期利益，并根据国家和高校的模式制定战略。追求学术卓越没有通用的模型或方式（Salmi，2009）。

三、本书概要

为了延续和深化以往会议关于建设世界一流高等教育体系的讨论，以及对世界一流大学在教学、研究、服务，特别是在为全球共同利益作贡献方面的作用的讨论，本书阐述了世界一流大学在应对高等教育和整个社会变革中所面临的挑战、机遇、作用和策略。本书由两部分组成，即"全球趋势"和"院校模式"。

（一）全球趋势

本书第一部分着重讨论发展学术卓越的全球趋势：分析全球高等教育特别是世界一流大学所面临的机遇和挑战，探讨世界一流大学的功能和作用、大学排名对就业的影响和对建设卓越大学的影响，并比较不同国家的相关政策和策略。

第二章（田琳和刘念才）探讨了世界一流大学不同于其他研究型大学的独特功能和使命。本章从结构功能主义的角度出发，通过探索性的混合方法研究设计（文献分析、半结构化的访谈和调查），将世界一流大学的独特使命概括为全球化。也就是说，这些一流大学的功能具有双重作用：服务于全球共同利益，成为其他研究型大学的全球榜样；不断提升其面向全球的功能，即全球定位、全球贡献、全球影响和全球合作。

第三章［马金森（Simon Marginson）］探讨了全球和国家科学系统之间的关系。20世纪90年代以来，可以看到一些趋势：世界范围内的科研能力在研发和出版方面快速提升；主要国家和地区的数量和多样性不断增加；科学家之间跨界合作的数量和比例也在增长。马金森提出，全球科学体系的特点是扁平的、开放的、包容的网络，研究人员之间建立了自主的、自下而上的合作；而国家科学系统的特点是他律的、有界的、受控的。这两个系统相互重叠，具有双向效应，但也具有不同的发展动态。

接下来的两章都聚焦于大学排名、高等教育质量和卓越性。第四章［萨尔米（Jamil Salmi）］和第五章［科斯塔（Luiz Cláudio Costa）］的观点是一致的：大学排名已经对高等教育产生了指数级的影响，已经影响并指挥着机构的战略计划，并且已经影响了大学和其利益相关者的行为。然而，排名在方法上有局限性，不能衡量大学发展的各个方面。推广卓越文化的排名可能会"阻碍大学在推动人类生活进步方面的步伐，如民族文化的包容性、科学真理、社会正义和可持续性"（第四章）。科斯塔（第五章）认为，如果在大学日常工作中采用并正确使用排名，大学可以从本地与全球的视角对自己的表现有一个更客观的了解。排名和相关指标可以指导并提供细节从而改善学习环境的质量。萨尔米重申了《上海原则》（*Shanghai Principles*）在发展世界一流大学社会责任方面的重要性。这套原则是马瑞特和萨尔米等诸多高等教育专家在 2017 年商讨制定的，强调社会包容、科学真理、伦理价值观、负责任的研究和全球团结是世界一流大学的道德支柱。

第六章[白杰瑞（Gerard Postiglione）]与[潘德（Brajesh Panth）]重点分析了亚洲各国和地区的高等教育系统。他们认为，亚洲的高等教育经历了巨大的变化；然而，为了进一步发展该地区并使其成为全球经济中心，研究型大学将在提高高等教育机构的学术和研究质量、多样性和治理方面发挥不可或缺的作用。本章回顾了重塑大学的特别因素和相关亚洲大学所面临的挑战，并强调了发展亚洲国家区域间学术伙伴关系的重要性。

第七章（米泽彰纯和黄福涛）从比较的角度探讨了中国大陆地区和日本发展学术卓越的方法和实践。这两个国家都采取了明确的自上而下的卓越计划和政策来支持入选这些计划的顶尖大学，但是也存在差异。中国目前实施的"双一流"建设计划，注重学科而不是整体；而日本采取了一种跨机构、跨学科的方法，通过大学与产业的合作来刺激创新。作者也提出了对中国大陆地区与日本在推进世界一流大学发展方面的启示与建议。

（二）院校模式

本书第二部分"院校模式"回顾了提高大学竞争力的关键问题，包括战略规划、公平和机会、与产业的伙伴关系等。这些讨论也许对世界各地的政府和高等教育机构都有一定的借鉴意义。

第八章（林忠钦）分享了上海交通大学的战略规划经验。上海交通大学制定了"三步走"战略，每五年规划一次。该战略的制定过程体现了强大的领导能力与教师的投入，并统一了不同的想法。"三步走"战略清楚地显现了目的和计划的顺序,同时允许很大的灵活性以做出调整。"人才强校、交叉创新、开放融合和文化引领"是学校"十三五"规划的目标。

接下来的三章将视角置于美国高等教育的背景下。第九章[威尔科克斯(Kim A. Wilcox)和[维多利诺(Christine A. Victorino)]认为,学生和教师群体的多样性可能是世界一流大学定义所缺失的一个重要方面。该章分享了加州大学河滨分校(University of California, Riverside)在不断提升师资质量和促进学生成长与发展方面的实践。该校的成功是由三个因素驱动的,即创建"以学生为中心的文化",吸引多样化的"人群",以及提供旨在提高来自低收入家庭学生与代表性不足的少数族裔学生的教育机会和教育成功程度的项目。第十章[凯勒(Eric W. Kaler)]以明尼苏达大学双城分校(University of Minnesota, Twin Cities)为例,阐述了一所作为大型赠地学院的公立大学如何在创新、创建初创企业和应用知识方面发挥作用,以应对社会挑战。此外,第十一章[莱顿(Mark S. Wrighton)]讲述了华盛顿大学圣路易斯分校(Washington University in St. Louis)"麦道国际学者学会"的案例。该计划与世界顶尖大学建立全球伙伴关系,以发展研究生教育和专业教育。这种伙伴关系项目成功吸引了精英学生,培养他们成为各领域的全球领袖,开展研究以解决重大的全球问题。

第十二章[克拉利奇(Christine Clerici)]、[尚巴兹(Jean Chambaz)]、[斯泰德(Sebastian Stride)]分享了法国高等教育机构重塑卓越的经验。法国高等教育受到世界一流大学建设的挑战,重新思考其研究绩效和质量。法国的学生和学术人员也越来越把他们的教育和职业生涯放在了全球位置上去考量。这些因素导致了一系列的改革,并促进了4所一流大学的发展,即巴黎科学与文学大学(Paris Sciences et Lettres)、巴黎萨克雷大学(Université Paris Saclay)、巴黎城市索邦大学(Université Sorbonne Paris Cité)和索邦大学(Sorbonne Université)。这些大学是通过整合现有机构而建立起来的。

本书不仅呈现了有关世界一流大学建设相关议题的讨论,也是我们之前七届会议相关讨论的延续,前七届会议已分别结集出版了:《世界一流大学:特征·评价·建设》《世界一流大学:战略·创新·改革》《世界一流大学:国家战略与大学实践》《世界一流大学:共同的目标》《世界一流大学:对高等教育的影响》《从声誉到绩效:世界一流大学的挑战》以及《世界一流大学:面向全球共同利益、服务本土社会》等7本论文集。

参考文献

Altbach，P.G. (2009). Peripheries and centers：Research universities in developing countries. *Asia Pacific Education Review*，10：15 - 27.

Hazelkorn，E. (2011). *Rankings and the Reshaping of Higher Education: The Battle for World-Class Excellence*. London：Palgrave.

Liu，N.C. (2009). Building up world-class universities：a comparison. Presentation at 2008 - 2009，Research Institute for Higher Education，Hiroshima University，February 2009.

Salmi，J. (2009). *The Challenge of Establishing World-Class Universities*. Washington，DC：The World Bank.

Marginson，S. (2018). Public/private in higher education：a synthesis of economic and political approaches. *Studies in Higher Education*，43(2)：322 - 337.

Rhoads，R.A.，Li，S. and Ilano，L. (2014). The global quest to build world-class universities：Toward a social justice agenda. *New Directions for Higher Education*，2014 (168)：27 - 39.

Tian，L. (2018). World-class universities：A dual identity related to global common good(s). In Wu，Y.，Wang，Q.，and Liu，N.C. (eds.) *World-Class Universities: Towards a Global Common Good and Seeking National and Institutional Contributions*. Leiden/Boston：Brill/Sense.

United Nations Educational，Social and Cultural Organization (UNESCO). (2015). *Rethinking Education: Towards a Global Common Good*. Paris：UNESCO. Retrieved June 1，2020 from http://unesdoc.unesco.org/images/0023/002325/232555e.pdf.

Wende，M. C. van der. (2009). European Responses to Global Competitiveness in Higher Education. Research and Occasional Paper Series，No. 7，2009. Berkeley：Center for Studies in higher Education，University of California.

（林婕、王琪　译校）

第二章
世界一流大学的特有功能／特殊使命

田琳、刘念才
中国·上海交通大学

一、引言

(一) 世界一流大学概述

近二十年来,"世界一流大学"成了热门词,人们以此来描述高等教育中顶尖的研究型大学(Salmi,2011)。学者们将世界一流大学定义为:致力于在各个学科和领域中创造和传播知识,提供各阶段的精英教育,满足国家需求并促进全球公共利益的学术机构(Altbach,2009;Liu,2009)。总的来说,世界一流大学的特征可以概括为:(1) 人才汇聚;(2) 资源丰富;(3) 全球参与;(4) 国际声誉;(5) 良好治理(Salmi,2009;Marginson,2011a;Wang,Cheng & Liu,2013)。

全球化的发展凸显了世界一流大学不断增加的重要性,因为世界一流大学可以产出全球知识社会所需的智力资本(Mohrman et al.,2008)。范·德·文德(Van der Wende,2019)认为全球化为世界一流大学带来了机遇和挑战,世界一流大学不仅享受着全球化的益处(即人才的全球流动),也要应对全球化带来的挑战(例如,移民和社会排斥);世界一流大学需要变得更加开放和包容;成为真正的国际和跨文化学习空间。这意味着世界一流大学既是受到全球化影响的实体,又是全球化的推动者和扩散全球化影响的利器。因此,世界一流大学比一般研究型大学更加全球化或是更具备全球性。这也从侧面解释了为何世界一流大学常被视为具备学术卓越的全球研究型大学(Cheng,Wang & Liu,2014)。

在高等教育领域，"全球化的"(globalized)或是"全球的/全球性"(global)一词最初与卓越或质量无关，它更多与"自由市场经济"中的竞争相关，也即那些最初将自己标榜为全球大学的高等教育机构是为了通过竞争获得有限的资源。也就是说，经济全球化趋势增加了资源的可获得性，高等教育机构的选择范围越来越广，全球高等教育机构在吸引潜在的本地和外国学生、教职员工、商业伙伴和投资者上的竞争日益加剧。因此，在有限的高等教育空间（市场）中竞争的高等教育机构认为将自己定位为全球机构非常有必要，这能有助于它们竞争获取这些有限的资源。在此意义上而言，高等教育市场与其他市场领域类似，因为消费者们希望与全球品牌相关联，全球品牌暗示着彼此之间的全球联系、全球认可和全球地位(Xavier & Alsagoff, 2013)。然而，当"世界一流"这一概念在高等教育领域兴起之后，"全球化的"或是"全球的/全球性"一词常与其同时出现，强调的不再是大学在全球市场中对资源的竞争，而是对全球卓越的竞争。也就是说，全球化背景下世界一流大学的主要标志是追求卓越(Xavier & Alsagoff, 2013)。这一点毋庸置疑，因为追求卓越是世界一流大学的重要标志，也是区别于普通大学的根本所在(顾建民 & 刘爱生, 2011)。

（二）世界一流大学的功能

世界一流大学对卓越的追求与其所肩负的各项功能密切相关（即人才培养、科学研究和社会服务等）；这意味着大学的卓越及其"世界一流"地位/身份是通过发挥功能实现的。例如，欧达(Ouda)与阿赫莫得(Ahmed)认为，世界一流大学本身具备复杂的内涵，与学术卓越和质量评估密切相关；世界一流大学对卓越的追寻体现在其三大基本功能之上，也即世界一流大学追求的是人才培养、科学研究和社会服务上的卓越(Ouda & Ahmed, 2015)。这与结构功能主义框架一致，结构功能主义认为大学是相对稳定和小规模的社会结构，其在社会中的定位取决于其功能(Parsons & Platt, 1973)。换句话说，功能可被用于定义大学的身份、类别和层次，从而实现大学在社会系统中的不同定位。结构功能主义既研究大学的具体功能，又重视大学功能的整体性，以此来合理定位一所大学(任燕红, 2012)。

大多数学者认为科学研究上的卓越是决定大学是否是"世界一流"的重要标志。蒋国华和孙诚(2000)认为，世界一流大学引人注目的科学贡献创造了世界一流大学良好的学术声誉,科学贡献是世界一流大学的"安身立命"之本,没有一流的科研成果就不能成为世界一流学府,也难以培养出一流的科学人才。张晓红(2011)认为科研卓越是世界一流大学区别于一般研究型大学的重要标志。世界一流大学是本国和世界范围内新知识、突破性的研究及科学技术的发源地,引领着全球科学研究和新思想发展的方向。同样,罗切特(Reichert,2009)发现,在5个欧洲国家(斯洛伐克、英国、法国、挪威和瑞士)中,科学研究的质量、层次、类型是作为区分一所大学是世界一流大学还是一般研究型大学的核心要素。因此,在过去几十年中,有关建设世界一流大学的各类项目都强调对科研的投入,因为科研被认为是世界一流大学最重要的组成部分。这些项目包括韩国的"智力韩国21工程"(Brain Korea 21,1996年)、日本的"21世纪与全球COE计划"(21st Century and Global COE Program,2002年)、德国的"卓越计划"(Exzellenzinitiative,2004年)、中国的"双一流"建设项目(2015年)和英国的"知识交流框架"(Knowledge Exchange Framework,2017年)等。这表明,对大多数国家而言,科研能力和科研产出是世界一流大学与一般研究型大学之间的主要区别。

但是,从高等教育发展史看,世界一流大学对世界高等教育的影响不仅是在科研方面,更能体现其引领世界潮流的往往是教育思想的引领和与之相应的教育制度创新(邬大光,2018)。并且,在其发展过程中,世界一流大学一直在努力回应其他要求,如提供高质量的教育和社会服务等(Lee,2013;宋福进,2003)。因此,世界一流大学之"一流"并非只体现在其科研水平上,同时也体现在其先进的教育理念、创新性的人才培养模式和广泛的社会参与等方面,反映出世界一流大学的人才培养与社会服务功能的重要性。

关于世界一流大学的人才培养功能而言,张凯(2005)认为,世界一流大学是一流人才的摇篮,要以培养一流人才为己任;能否培养出卓越的人才已成为衡量世界一流大学社会声誉和学术地位的重要尺度。他还认为,世界一流大学的人才培养既要注重文化底蕴,也要体现追求卓越的发展思路。宋福进(2003)认为,几乎所有的世界一流大学都强调培养"杰出""优秀""高层次"或"领导型"人才,这充分体现了世界一流大学在发挥其人才培养功能上的高起点、高要求。这与申正澈(Shin,2013)的观点一致,他认为,在人才培养上,世界一流大学往往获得较多的公共资金,致力于培养全球领袖,其对创造力的重视程度大于对知识的传播与讲授。

关于世界一流大学的社会服务功能而言,顾建民和刘爱生(2011)认为服务社会是世界一流大学的终极目标,世界一流大学开展社会服务的对象是国家和世界的"大社会",这种服务功能主要是通过追求卓越的教育和科研来间接实现的。申正澈认为世界一流大学优先考虑服务全球和服务国家,主要关注的是解决全球和国家问题,强调非营利性的社会服务活动(Shin,2013)。然而,道格拉斯(Douglass,2016)对此表示担忧,他认为世界一流大学通常更多关注国际社会,因而可能会忽视本土社会中需要解决的问题。事实上,一些学者已开始探讨世界一流大学如何平衡其本土和全球角色(van der Wende,2019;Cheng et al.,2014)。

除此之外,陈超(2004)和赵景阁(2007)认为世界一流大学具备国际交流功能,该功能部分基于世界一流大学充足的资源和广泛的全球参与。具体而言,世界一流大学的国际交往功能体现在以下两个方面:首先,通过对其他国家、民族及其文化开展广泛的跨国研究和比较研究,世界一流大学为社会、政府及公众提供信息咨询和决策参考。其次,世界一流大学开展多元文化教育和跨文化教育,促进不同国家和民族之间的相互了解。这与斯科特(Scott,2006)的观点类似,他认为大学具备国际化功能,其本质在于大学在全球信息时代将其三大基本功能(人才培养、科学研究和社会服务)国际化,从而服务于民族国家的发展。因此,两位学者提出的世界一流大学的国际交往功能可被视作大学国际化的一部分,该功能并非世界一流大学所特有。

(三) 研究目的

已有研究表明,世界一流大学的功能塑造了世界一流大学的模式,这也与其本身的特点相关,包括资源丰富、全球参与、良好治理等。同时,世界一流大学的全球/国际定位及其对卓越的追求是其区别于一般研究型大学的重要特征。然而,少有实证研究从功能视角(人才培养、科学研究和社会服务)出发,对世界一流大学和一般研究型大学进行系统的对比分析;并且,少有实证研究探索在不断变化的全球化世界中,世界一流大学是否具备特有的、区别于一般研究型大学的功能。基于此,本研究将围绕以下两个问题展开:(1) 世界一流大学与一般研究型大学在三大基本功能上有何差异? (2) 世界一流大学是否具备一般研究型大学没有的"特有功能"? 本研究的目的包括:(1) 探索世界一流大学与一般研究型大学在三大基本功能上的差异;(2) 探索世界一流大学所特有的、区别于一般研究型大学的特有功能,并从国际比较视角(主要关注中国、美国和欧洲)进行分析。

本章首先对已有相关文献进行了综述;介绍了本研究的方法、步骤,并展示了研究结果;最后,本章将研究结果与已有文献相结合进行深入的讨论,以加深和扩展对该主题的理解。

二、研究方法

本研究采用混合研究法中的探索性设计(exploratory design),即先收集质性数据(文献资料法和半结构化访谈法),再收集定量数据(网络问卷调查),最后对两类数据进行混合分析。混合质性和定量数据并从不同角度对其进行分析可实现"三角互证"(Triangulation),从而提高研究结果的可信度和有效性(Creswell &Clark,2011)。

(一) 文献资料法(质性数据)

本研究从大学官方网站收集了两组大学(见表 2.1)的四类官方文件(校长寄语、使命宣言、愿景描述、战略规划)并对其进行了分类和分析,以对有关两组大学三大基本功能(人才培养、科学研究、社会服务)的文本内容进行对比分析。

表 2.1　样本院校及分组情况

组　　别	数量	定　　义
世界一流大学(WCUs)	N=43	世界排名前 100 位且自称为"世界一流大学"的公立大学
一般研究型大学(RUs)	N=40	世界排名 200 位后且从未自称为"世界一流大学"的公立大学

注:(1) 均采用 2018 年的排名信息。
　　(2) 此处"世界排名前 100 位"大学指的是三大排名("世界大学学术排名""QS 世界大学排名"和"泰晤士高等教育世界大学排名")中前 100 位的交集院校;此处的"世界排名 200 位以后"大学指的是三大排名 200 位后院校交集中的 40 所大学;研究者最初选取了 43 所一般研究型大学以与世界一流大学样本数量(N=43)保持一致,但在后续的官方文件收集过程中发现,有 3 所一般研究型大学没有任何类型的官方文件,故此处仅保留了有相关文件的 40 所一般研究型大学。
　　(3) 为便于国际比较,本研究重点关注公立大学。

本研究利用 MAXQDA 2018 软件和质性内容分析法分析官方文件的文本数据(Mayring，2014)，并基于官方文件与大学三大基本功能(人才培养、科学研究、社会服务)的相关性对其进行编码和分析。

(二) 半结构化访谈法(质性数据)

访谈采用立意抽样法(purposive sampling)确定受访者。研究者通过发送电子邮件邀请潜在的受访者参加访谈。2016 年 12 月至 2019 年 5 月间，研究者共访谈了 74 人(见表 2.2)。为便于国际比较，在选取就职于大学的受访者时，研究者主要选取了就职于公立大学的受访者。

表 2.2　受访者整体情况($N=74$)

组　别	国家/地区	大　学	受　访　者
世界一流大学 (WCUs)	中国	3 所中国一流大学	总人数＝14 校领导＝2 院长或主任＝9 学者＝3
	美国	3 所美国一流大学	总人数＝10 校领导＝2 院长或主任＝4 学者＝4
	欧洲	3 所欧洲一流大学	总人数＝12 校领导＝2 院长或主任＝6 学者＝4
一般研究型大学(RUs)	中国	3 所中国研究型大学	总人数＝7 校领导＝2 院长或主任＝3 学者＝2
	美国	3 所美国研究型大学	总人数＝5 校领导＝2 院长或主任＝1 学者＝2

续　表

组　　别	国家/地区	大　　学	受　访　者
一般研究型大学(RUs)	欧洲	3所欧洲研究型大学	总人数＝12 校领导＝4 院长或主任＝4 学者＝4
国际（学术）专家	全球	相关领域的(学术)专家	总人数＝14 包括来自中国、美国、比利时、日本、澳大利亚等地的专家；其中7人参加了试访谈

注：(1) 为确保访谈匿名和便于查找与识别数据信息,研究者为本研究中的受访者分配了不同的代号。
各代号的解释如下：W＝世界一流大学；R＝一般研究型大学；C＝中国；U＝美国；E＝欧洲；L＝
校领导；D＝院长或主任；P＝教授；EXP＝国际(学术)专家。
(2) 世界一流大学指的是在三大世界排名("世界大学学术排名""QS世界大学排名"和"泰晤士高等
教育世界大学排名")中位于前100位且自称为世界一流大学的公立大学；一般研究型大学指的
是三大世界排名中200位以后且从未自称为"世界一流大学"的公立大学；均采用2018年的排名
信息。
(3) 大学校领导包括(正/副)校长、(正/副)教务长。
(4) 欧洲大学组中的大学位于荷兰、英国、瑞士和葡萄牙4个国家。

访谈数据也利用MAXQDA 2018软件和质性内容分析法进行编码和分析。
根据受访者对每个问题的回答以及在整个访谈过程中出现的最突出的类目/主
题,研究者对转录后的文本进行了编码和分析。

(三) 问卷调查(定量数据)

研究者在获得了初步的质性研究结果后(基于对官方文件的分析和半结构
化访谈),设计了本研究的问卷以验证质性研究结果;因此,问卷中的问题更具概
括性。问卷以电子版形式(利用SurveyMonkey网络问卷平台)进行发放和填
写。为便于问卷被调查者理解和填写问卷,研究者分别设计了中文和英文两个
版本的问卷。

2019年5月至7月,研究者向三大主流世界大学排名中百强大学的552位
校领导和全球范围内的国际(学术)专家发放了问卷邀请,最终有118人填写了
问卷,包括来自77所大学的100位校领导和来自世界各地的18位国际(学术)
专家,总回复率为19.6%。问卷填写者的基本情况见表2.3。

表 2.3   问卷填写者的基本情况

区域组别	中国	美国	欧洲	其他	总计
校领导	9	19	49	23	100
国际专家	11	2	4	1	18
总　计	20	21	53	24	118

注：在欧洲组中，英国大学的回复人数最多；在"其他（国家/地区）"中，澳大利亚大学的回复人数最多。

　　问卷结果借助量化数据分析软件 SPSS 进行分析。鉴于问卷主要包含单选题和多选题，因此，研究者主要采用描述性统计分析和多重响应分析对问卷结果进行分析。研究者在分析了官方文件（文本）、访谈和问卷的数据之后，综合质性与量化数据以实现"三角互证"，进一步强化研究结果。

三、研究结果

（一）世界一流大学与一般研究型大学在三大基本功能上的差异

1. 两类大学在人才培养功能上的差异

　　基于对质性数据（官方文件和访谈）的编码和分析，本研究总结出了世界一流大学与一般研究型大学在人才培养功能上的差异（见表 2.4）。尽管较之于一般研究型大学，世界一流大学在人才培养上有着更丰富的资源和良好的条件，但在访谈中，部分受访者认为比较两类大学人才培养的质量（特别是本科生阶段）并非易事，这与各种因素相关。此外，部分受访者（$N=5$）甚至认为一般研究型大学的本科教育在某些情况下优于世界一流大学，因为一般研究型大学在本科教育上投入的精力更多，教师参与的教学活动也更多。

　　在问卷中，被调查者认为两类大学在人才培养功能上的差异主要体现在：（1）人才培养的理念、文化和氛围（61.9%）；（2）人才培养的资源（参与者、经费等）（59.3%）；（3）人才培养的目标（与培养的人才层次及类型相关）（52.5%）。如图 2.1 所示。

表 2.4　基于 AGIL 模型的两类大学在人才培养功能上的对比

AGIL 模型	世界一流大学	一般研究型大学
A： 适应	- 回应全球劳动力市场和未来社会的需求 - 关注全球化与国际化带来的机遇和挑战	- 回应本国和当地劳动力市场的需求 - 在优先满足国家和当地需求的基础上关注全球需求
G： 目标达成	- 为学生提供一流的学习体验和最优质的教育项目 - 关注研究生教育(尤其是博士教育) - 培育全球公民和领袖 - 培养具备数字素养的顶尖人才和面向未来的人才	- 为学生提供高质量的学习体验 - 关注提升学生的就业能力 - 培养学生成为某一领域的领袖(如商业界) - 培养具备社会责任感的公民
I： 整合	**资源和条件** - 来自世界各地的一流师资和生源 - 一流的教学设施 - 丰富的资源 - 卓著的国际声誉 **方法和途径** - 积极创新人才培养模式并开设灵活的学位项目 - 提供门类丰富的学习项目 - 采用跨学科的培养方法并以科研推动教学 - 保持更高的国际化水平	**资源和条件** - 优良的师资(一般研究型大学常从世界一流大学招聘教师) - 学生大都来自国内或当地 **方法和途径** - 部分一般研究型大学仍采用大班授课模式 - 学术课程/项目涉及的范围、广度和深度不及世界一流大学 - 强调与当地社区和工业界的紧密联系 - 拥有的全球合作网络覆盖范围不如世界一流大学广
L： 潜在模式 维持	- 保持自由开放、提倡创新的学术氛围 - 提供开放、包容的学习环境 - 构建创新、创造的校园文化	- 构建多元化、包容性、注重公平、开放和自由的校园文化氛围

注：本研究采用基于结构功能主义理论的 AGIL 模型(Parsons & Smelser，1956)来分析以上 83 所大学的四类官方文件。该模型通常用于分析系统或组织的运作。在本研究中，该模型有助于理解不同大学如何发挥不同功能。在 AGIL 模型中，"适应"(A：Adaption)指的系统是对外界的回应，有时是从外部环境中获得所需资源；"目标达成"(G：Goal Attainment)指的是系统制定可实现的目标并调动资源和引导成员实现目标(例如，某一子功能系统的目标，如科学研究的类型、层次和质量等)；"整合"(I：Integration)关注的是整个系统的协调，要求系统为达到特定目标所拥有的资源和方法是可用且充分趋同的；"潜在模式维持"(L：Latent Pattern Maintenance)强调的是系统中维持其运行的价值、理念、文化和相关政策等。

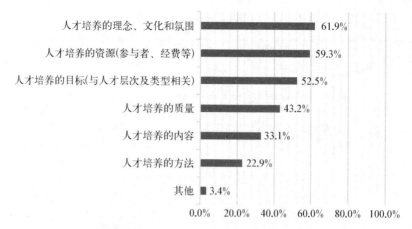

图 2.1　被调查者就两类大学"人才培养功能差异"的回答（多选题）

　　虽然问卷被调查者的总体选择趋于一致，但在对不同国家/地区被调查者的选择进行对比后发现，中国被调查者认为在理念、文化和氛围（80%）及目标（70%）上，世界一流大学与一般研究型大学的人才培养存在明显差异；美国、欧洲和其他国家/地区的被调查者则认为两类大学在人才培养的资源（参与者、经费等），理念、文化和氛围，层次及类型上的差异比较明显。如图 2.2 所示。

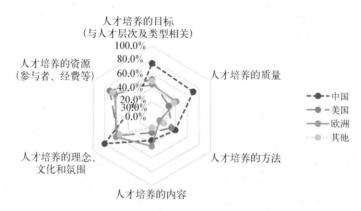

**图 2.2　不同国家/地区被调查者对两类大学在
人才培养功能上具备差异的看法**

　　2. 两类大学在科学研究功能上的差异

　　表 2.5 总结了世界一流大学与一般研究型大学在科学研究功能上的差异。同时，在访谈中，受访者们认为，较之于人才培养和社会服务功能，两类大学在科学研究功能上的差异最为明显。

表 2.5 基于 AGIL 模型的两类大学在科学研究功能上的对比

AGIL 模型	世界一流大学	一般研究大学
A: 适应	- 为人类面临的全球性问题提供解决方案 - 满足国家和区域的社会发展需求	- 更多关注社会问题- 和特定领域的重大(全球性)问题
G: 目标达成	- 全球最重要的科研中心 - 开展最优质的、尖端科研项目 - 发现并传播前沿知识 - 开展原创性的基础研究和高水平的应用研究 - 为最复杂的全球性问题提供及时的解决方案 - 追求全球卓越和科研突破	- 成为全国范围内的顶尖大学并努力成为世界一流的研究型大学 - 部分一般研究型大学也开展小规模的基础研究以及高水平、高质量的科研项目 - 致力于成为应用研究与创新的领导者 - 强调应用研究的商业价值 - 更多关注当地和国内问题,也关注当地企业面临的问题,在科研上以世界一流大学为榜样
I: 整合	**资源和条件** - 大量的国家拨款和多渠道的资金来源 - 在科研上投入巨大 - 强大的国际科研合作网络 - 世界一流的科研团队 - 一流的科研设施 **方法和途径** - 注重研究生教育和跨学科科研方法 - 充分应用新知识、新技术以开展突破性研究	**资源和条件** - 通过与外部社会的合作(特别是企业)将资金来源多样化;引导和吸引资金进入关键科研领域 - 科研合作网络更多建立在国内层面 - 部分一般研究型大学也加入了全球科研网络 **方法和途径** - 科研活动扎根于当地社会并且与当地社区紧密联系
L: 潜在模式维持	- 保持并提升自由、包容的学术文化和传统 - 构建开放、透明和高效的科研环境 - 多数世界一流大学有针对科学研究的支持性财务政策 - 多数世界一流大学有专门的科研战略规划和科研卓越倡议	- 致力于构建支持性、合作性的科研环境 - 少数一般研究型大学有专门的科研支撑框架

在问卷中,被调查者认为两类大学在科学研究功能上的差异主要体现在:(1) 科学研究的质量(72.9%);(2) 科学研究的规模和层次(66.1%);(3) 科学研究的理念、文化和氛围(61.9%)。如图 2.3 所示。

图 2.3　被调查者就"科学研究功能差异"的回答(多选题)

尽管大多数被调查者都认为两类大学在科学研究的质量上存在明显差异，但不同国家/地区被调查者的看法有所不同。例如，中国被调查者还认为在理念、文化和氛围(95％)及资源(75％)上，世界一流大学与一般研究型大学的科学研究存在明显差异；美国被调查者则认为两类大学在科学研究的规模与层次(81％)、资源(71.4％)上的差异也比较明显。如图 2.4 所示。

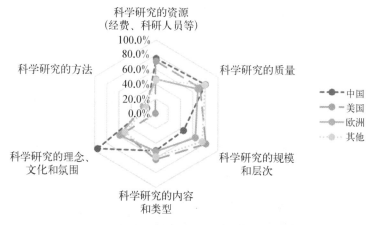

图 2.4　不同国家/地区被调查者对两类大学在科学研究功能上具备差异的看法

3. 两类大学在社会服务功能上的差异

表2.6基于 AGIL 模型对两类大学在社会服务功能进行了对比。在问卷中，被调查者认为两类大学在社会服务功能上的差异主要体现在社会服务的范

围(81.4%)上。尽管其余三项内容的选择比例均未超过50%,但就社会服务的质量而言,被调查者认为两类大学的差异最小(6.8%)。如图2.5所示。

表2.6　基于AGIL模型的两类大学在社会服务功能上的对比

AGIL模型	世界一流大学	一般研究型大学
A: 适应	- 关注全球挑战和未来社会发展 - 致力于通过科学研究和人才培养满足(国内)区域、国家和全球需求	- 优先关注当地、(国内)区域和国家需求;关注全球化背景下的区域经济问题 - 关注社会问题和特定领域的全球问题
G: 目标达成	- 扎根本土、服务国家、造福世界 - 以变革性的方式推动世界的发展与进步 - 贡献于世界的可持续、稳定与和平发展 - 推动国家经济发展,保存和继承国家文化遗产	- 首先服务国家和(国内)区域,再服务全球社会 - 贡献于城市和国家的经济发展并持续提升人们的生活质量 - 服务于当地社区并引领国内区域及更广阔的外部社会的发展
I: 整合	**资源和条件** - 广泛的国际合作网络 - 充足且优质的学术资源 - 遍布全球的校友网络 **方法和途径** - 在全球舞台上表现活跃,积极开展国际合作以解决人类共同面临的严峻问题(尤其关注健康和医疗问题) - 与外部社区共享优质校园资源 - 积极参与国内和国际公共事务 - 与世界各地的校友保持密切联系 - 开展各类志愿者活动 - 科技推动社会服务	**资源和条件** - 与当地社区的紧密联系和互动 - 与当地企业和工业界的广泛合作 **方法和途径** - 通过与本国和其他国家的工业界、企业、政府和其他组织建立合作伙伴关系为(更广阔的)外部社会带来积极影响 - 通过开展各类学术和文化活动丰富当地社会的学术和文化生活,增强社会参与 - 积极参与国家和当地公共事务 - 为(国内)区域和国家提供技术支持 - 为当地居民提供更多继续教育机会
L: 潜在模式维持	- 差异不大	- 差异不大

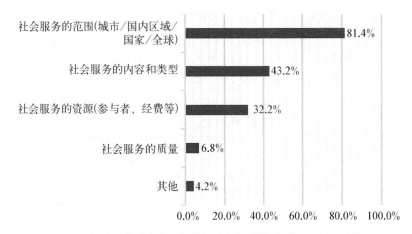

图 2.5　问卷回复者就"社会服务功能差异"问题的回答（多选题）

　　尽管大多数被调查者都认为两类大学在"社会服务的范围"上存在明显差异，但不同国家/地区被调查者的看法仍有所不同。例如，中国被调查者还认为在社会服务的关注点、内容和类型（70%）上，世界一流大学与一般研究型大学存在明显差异。如图 2.6 所示。

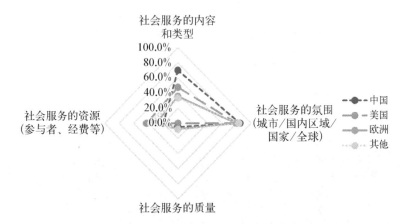

图 2.6　不同国家/地区被调查者对两类大学在社会服务功能上具备差异的看法

（二）世界一流大学特有功能的具体表现形式

　　针对本研究的第二个研究问题，数据来源包括访谈和问卷；其中，访谈是主要的数据来源。在所有 74 位受访者中，约 95% 的受访者（N＝70）认为世界一流大学有别于一般研究型大学的特有功能。其中,超过一半的受访者($N=44$)认为服务全球共同利益是世界一流大学的特有功能(或其表现形式);约三分之一的受访者($N=24$)认为全球(研究型大学)榜样是世界一流大学的特有功能(或其表现形式);超过 10 位受访者提及的世界一流大学的特有功能(或其表现形式)还包括服务国家软实力。

1. 服务全球共同利益

在访谈中,有 44 位(60%)受访者认为世界一流大学服务全球共同利益。他们认为全球共同利益指的是超越了个人、民族、国家层面的利益,是全人类的共同利益,与人类福祉息息相关。受访者们认为世界一流大学之所以被称为"世界一流",是因为这些大学具备服务全球共同利益的愿景与能力。

> 世界一流大学应该服务全球共同利益……最重要的事情就是服务全球、全人类……如果将某所大学称之为"世界一流",那么,这些大学必定是造福全人类、推动全球的发展……既然是世界一流大学,就必须要站在世界的角度去考虑问题……研究全球问题……(WCP2)

具体而言,世界一流大学服务全球共同利益主要体现在以下六个方面:(1)世界一流大学培养具备全球视野和引领未来发展的人才与领袖。这些人才传递着跨越国家边界、有关人类共同利益的文化和理念,引导人们不再局限于本土和国家利益。(2)世界一流大学产出变革性、引领性的知识与技术。这些成果不仅能推动全球社会的进步,也能对整个社会的文化、理念、道德和价值观产生引领作用。(3)世界一流大学助力于全球学术共同体的构建。通过开展全球合作,世界一流大学构建、参与全球合作网络并塑造全球学术共同体。处于全球合作网络或是学术共同体中的世界一流大学作为一个整体,共享人才、知识和资源,在解决全球问题上肩负着共同的责任与使命并为达到共同目标而努力。(4)世界一流大学致力于揭示和解决全球社会复杂问题。世界一流大学汇聚了全球一流人才和顶尖的学术资源,承载着全球社会的高度期待,世界一流大学有责任也有能力帮助解决人类社会共同面临的重大问题。(5)世界一流大学保持着对可持续发展的坚定承诺。世界一流大学在回应当代人的需要及未来发展需求的过程中,在资源开发、投资方向、技术发展和制度变革中努力保持环境的平衡与和谐。(6)世界一流大学推动包容性创新(inclusive innovation)和社会流动。包容性创新涵盖两个方面的内容:首先,世界一流大学有能力也有责任提前预知新技术对一部分人的伤害(如机器人可能会影响汽车工人的生活)，提前做好预备措施以缓解这种可能带来的伤害，也即实现新技术的"软着陆"；其次，世界一流大学科研创新的动力不是为了盈利，而是为了真正解决弱势群体所面临的问题，如对"被忽视疾病"(neglected diseases)的研究。

推动社会流动同时也是高等教育的主要特征之一，就公立的世界一流大学而言，这些学校为来自贫困家庭的学生设置了专项奖学金，资助那些家族中的"第一代大学生"前来就学。作为世界一流大学在服务全球共同利益上不可思议的优势之一就是我们有机会与全球网络中的其他世界一流大学合作，从而真正发挥作用……世界一流大学可以把这些"集体性"的合作网络联结到一起，为增进人类福祉作出更多贡献，比如说环太平洋大学联盟就是一个很好的例子……对于世界一流大学而言，参与这样的网络化组织以解决人类共同面临的问题，这既是特权也是责任。(WUL2)

2. 全球(研究型大学)榜样

世界一流大学仅代表高等教育系统中的一小部分院校，但其他院校通常将其视为模仿对象(榜样)，因此，世界一流大学的影响力远远大于其存在数量。24位受访者认为世界一流大学是全球(研究型大学)榜样。这主要体现在：(1)世界一流大学是全球范围内其他研究型大学以及想成为研究型大学的普通院校制定战略规划的参照组和对标对象。(2)世界一流大学是高水平学术标准的制定者和保持者，同时也是以新方法获取和传播知识、解决人类共同面临的各类迫切问题的领导者和先行者。(3)世界一流大学通常是新思想、理念和实践的开创者和引导者，既是某一国家和社会中的典范，又能对学生、教师、大学和整个社会起到精神、价值、文化和实践引领的作用。

为了符合其"世界一流"的称号，这些大学必须有服务全球共同利益的责任感。作为受人尊敬的大学，它们自然而然地成为其他大学的榜样并通过其行为为其他大学树立标准——无论是在办学目的上、在道德行为上、在对学术卓越和其他价值观的追求上……并且，重要的是，这些大学也在思考全球范围内的科学、技术、社会、经济、文化和政治问题上发挥榜样功能。(RUL1)

同时，有受访者指出(N=5)，世界一流大学的榜样功能并不意味着所有的研究型大学都要照搬特定的某一所世界一流大学的模式，全球高等教育体系仍需要多样化的世界一流大学,每所世界一流大学仍需保留自己的特色与理念。

3. 服务国家软实力

超过 10 位受访者提及的世界一流大学的特有功能(或其表现形式)还包括服务国家软实力,也即世界一流大学通过自身的文化、价值理念、制度和实践等影响和感召外部环境,吸引和集聚海内外的资源和人才,推动国家发展;与此同时,传播大学所在国的文化和价值理念等,从而增强其所在国家的软实力。这主要体现在以下三个方面:(1) 世界一流大学的品牌效应为一国汇聚资源和人才;(2) 世界一流大学提升了一国的学术实力及其在国际舞台上的学术影响力;(3) 世界一流大学有助于输出一国的文化、实践、政治理念和制度等。例如,来自世界各地的留美学生使美国文化和价值理念在全球范围内得到了广泛传播并使美国一流大学一度成为世界各地研究型大学竞相模仿的对象。

> 世界一流大学当然有服务国家软实力的功能……但更多可能是通过文化实现的。在我看来,世界一流大学增强了一国的软实力……如果一个国家有一所很好的大学,那么这个国家的吸引力就会上升,人才的向内流动会增加,获得的经济投资也会增加。(EXP11)

除此之外,也有少数受访者(少于 10 人)提及世界一流大学可能具备的其他特有功能(或其表现形式),但由于提及人数较少,故在此不作专门论述。

在完成对访谈数据的分析后,研究者向世界一流大学校领导与国际(学术)专家发放了问卷以对访谈结果进行验证。问卷中列出了三项最常被受访者提及的世界一流大学的特有功能(或其表现形式),包括:(1) 服务全球共同利益;(2) 全球(研究型大学)榜样;(3) 服务国家软实力。

就列出的特有功能(或其表现形式)而言,绝大多数的被调查者都认为世界一流大学服务全球共同利益(70.3%)和作为全球(研究型大学)榜样(72.9%),但只有不到一半的被调查者认为世界一流大学服务国家软实力(38.1%)(见表 2.7)。较之于"服务全球共同利益"和"全球(研究型大学)榜样"在问卷中较高的选择比例(均超过 70%),选择"服务国家软实力"作为一项特有功能(或其表现形式)的人数较少。所以,问卷结果无法支撑"服务国家软实力"作为世界一流大学的特有功能(或其表现形式)。因此,在后续的分析过程中不再单独分析"服务国家软实力"这项内容。

表 2.7　被调查者对世界一流大学特有功能的看法（多选题）

世界一流大学的特有功能 （或其表现形式）	选择人数	占比（%）
服务全球共同利益	83	70.3
全球研究型大学榜样	86	72.9
服务国家软实力	45	38.1
其　他	9	7.6

　　不同国家/地区被调查者的观点有所不同，中国（80%）和其他国家/地区的被调查者（71%）最认可的是世界一流大学服务全球共同利益；美国（76%）和欧洲（79%）的被调查者则最认同的是世界一流大学作为全球（研究型大学）榜样。如图 2.7 所示。

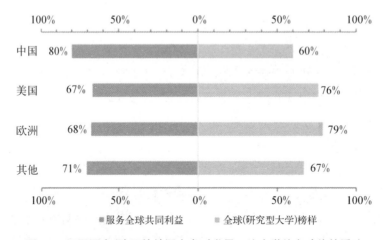

图 2.7　不同国家/地区的被调查者对世界一流大学特有功能的看法

　　就世界一流大学的校领导与国际（学术）专家的对比而言，两组被调查者的选择基本一致，均有约 70% 的人认可世界一流大学服务全球共同利益和作为全球（研究型大学）榜样。如图 2.8 所示。

　　总的来说，问卷结果与访谈的结果一致，受访者和问卷被调查者都认为服务全球共同利益和作为全球（研究型大学）榜样是世界一流大学的特有功能。

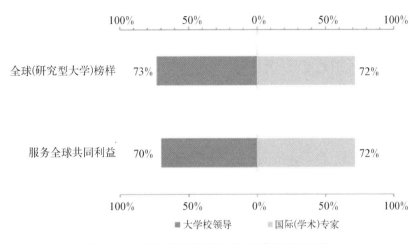

图 2.8　大学校领导与国际(学术)专家关于世界
一流大学特有功能的回答对比

四、讨论

本研究的结果表明,世界一流大学与一般研究型大学在三大基本功能上存在差异;并且,大多数研究参与者都认可世界一流大学具备服务全球共同利益和作为全球(研究型大学)榜样的特有功能,这也是世界一流大学区别于一般研究型大学的特有功能。

(一) 两类大学在三大基本功能上的差异

本研究的结果显示,两类大学在三大基本功能上存在差异。就人才培养功能而言,两类大学在人才培养的目标(与培养的人才类型和层次相关)、人才培养的方法和模式以及人才培养的资源(参与者、经费等)上差异显著。例如,世界一流大学致力于培养全球领袖、培养具备数字素养的顶尖人才和引领未来发展的人才,更多关注以科研为导向的人才培养模式。同样,在世界一流大学中,博士生项目的数量多于一般研究型大学。本研究的结果也与已有研究相呼应。例如,宋福进(2003)认为,几乎所有的世界一流大学都强调培养"杰出""优秀""高层次"或是"领导型"人才,这充分体现了世界一流大学在人才培养上的高起点和高要求。同样,张凯(2005)认为,培养世界一流的人才是世界一流大学的责任,能否培养出顶尖人才已成为衡量一所大学是否是"世界一流"的重要标志之一。

本研究中的受访者认为，两类大学在科学研究功能上的差异最大。两类大学在科学研究上的差异很大程度上与大学的可用资源、自身定位、视野等密切相关，从而使得两类大学在科学研究的类型、内容和关注点、规模上有所不同。张晓红(2011)认为，持续获得科研卓越的能力反映了世界一流大学的竞争力；科研水平和质量、创新能力是世界一流大学区别于一般研究型大学的重要标志。同样，莱切特(Reichert，2009)发现，在5个欧洲国家中，科学研究的质量、层次和类型是作为区分一所大学是世界一流大学还是一般研究型大学的核心要素。在他的研究中，斯洛伐克大学的分层受到大学科研能力和质量的影响最为明显，其次是英国、法国、挪威和瑞士的大学。

两类大学在社会服务功能上的差异主要体现在社会服务的范围上。基于本研究的结果，世界一流大学具备国际视野且为国际社会作出贡献，而一般研究型大学优先服务于其当地社区和所在国家。此外，在本研究中，美国受访者尤其强调世界一流大学在推动经济发展中的重要作用。但是，并非所有的受访者都赞同大学直接服务于经济发展。例如，本研究中的一位国际学术专家指出，世界一流大学不应直接参与到推动经济发展的活动之中，而应通过培养人才和产出科研成果间接推动经济发展；否则，世界一流大学将变得越来越商业化，世界一流大学在启迪公民、提升民主和人文社会价值方面的作用将遭到损害。

尽管如此，上述差异并不意味着世界一流大学在人才培养、科学研究和社会服务上的表现都优于一般研究型大学。首先，正如本研究结果显示的那样，在人才培养上，两类大学的本科教育质量难以衡量。有受访者认为，世界一流大学为其本科生提供的附加值不一定高于一般研究型大学为其本科生提供的附加值，因为进入世界一流大学的本科生自身已是非常优秀的学生。所以，少数受访者($N=5$)甚至认为一般研究型大学的本科教育优于世界一流大学。事实上，在文献资料法的案例院校中，少数一般研究型大学也提及为学生提供世界一流的教育，如田纳西大学(University of Tennessee-Knoxville)的校长寄语："225年来，田纳西大学一直致力于为田纳西州人民服务。今天，我们继续通过世界一流的教育，改变生活的科学研究以及为国家带来的经济利益来兑现这一诺言。我相信教育属于每个人。大学学位意味着更好的工作、更多的机会以及为自己、家人和社区创造有意义的促进改变的机会……。"(Plowman，2019)

黄福涛(2017)认为,是否具备世界一流的本科教育不是世界一流大学的根本或重要特征,因为制约和影响本科教育水平的因素极其复杂,有限的资料和案例无法充分说明世界一流大学提供的本科教育就是世界一流的本科教育。他同时指出,世界一流大学与一般研究型大学在人才培养中尽管存在差异,但最明显之处在于世界一流大学更多强调研究生教育,特别是博士阶段的教育,更加强调教师从事世界一流的科研活动。这一观点与本研究所揭示的世界一流大学重视将人才培养与科学研究相结合的结果一致。

此外,就科学研究和社会服务功能而言,一般研究型大学在开展与当地社会有关的科研和服务活动上表现得更好。一般研究型大学通常与当地社区有着紧密联系且致力于为其提供服务,这使得一般研究型大学在其所属的地区中扮演着不可或缺的角色,它们能为各种当地问题提供直接、有效的解决方案。这与本章作者另外的研究结果一致(Tian & Liu, 2020),即一般研究型大学与当地社会和区域企业、工业界以及各类组织有着长期且密切的合作,这种优势让它们在推动当地、(国内)区域和国家发展中扮演着重要角色;并且,部分一般研究型大学还能够充分利用其区位优势积极与邻国开展双边、多边及区域性的合作交流活动。

(二) 世界一流大学特有功能的本质特征

本研究的结果显示,世界一流大学区别于一般研究型大学的特有功能,主要表现在服务全球共同利益和作为全球(研究型大学)榜样上。通过对比分析后发现,受访者提出且受到世界一流大学校领导和国际(学术)专家认可的特有功能的本质特征是其全球(导向)性,可被总结为:全球定位、全球贡献、全球影响和全球合作。这四个特征同时侧面反映出世界一流大学的全球性。这一结论与莫尔曼等学者(Mohrman et al., 2008)提出的"研究型大学的新全球模式"(the Emerging Global Model)和马金森(Marginson, 2013)提出的"全球研究型大学"(Global Research University)概念相吻合。这两个概念都强调顶尖研究型大学的全球性,包括建立全球科学研究联络网、进行全球参与、促进全球学术流动等。同时,这两个概念与"世界一流大学"有共通之处,如莫尔曼(Mohrman, 2008)将"研究型大学的新全球模式"等同于世界一流大学,程莹等学者(Cheng et al., 2014)则认为"全球研究型大学"就是"世界一流大学"的另一称谓。总的来说,本研究中总结出的世界一流大学特有功能的本质特征（全球定位、全球贡献、全球影响和全球合作）意味着世界一流大学将自己置身于全球社会之中，推动和引导全球合作以解决人类社会共同面临的重大挑战，服务全球共同利益；世界一流大学是全球范围内研究型大学的榜样，在扩散自身学术和文化影响力的过程中，也作出了全球贡献。这些大学既是民族国家中的重要力量，也是全球高等教育系统中的领导者。

1. 全球定位

世界一流大学特有功能所彰显的全球定位，既是世界一流大学的功能定位和身份认同，也是世界一流大学秉持的发展理念。本研究的结果显示，世界一流大学特有功能的全球定位体现在其培养全球人才和领袖、引领全球社会进步与发展、肩负全球角色与责任、解决全球问题、构建全球学术共同体、致力于全球可持续发展、担当全球学术标准的制定者和保持者等方面上。例如，在不断加深的全球化背景下，以往各国面临的许多国内问题，如环境污染、水和食品安全、资源短缺等已不再是国家问题和区域性问题，而已成为全球社会的共同问题。作为全球顶尖研究型大学的世界一流大学，通过开展科研活动和全球合作，将自己定位在寻求实际解决方案以应对这些严峻挑战的最前沿，成为解决人类所共同面临问题的领导者和先行者。正如马金森（Marginson, 2019）所说，针对全球共同挑战的跨国合作将世界一流大学提升到了更高的位置，超越了其推动国家繁荣与个人发展、提升国家声望的本土化功能。世界一流大学特有功能的全球定位决定了世界一流大学在全球社会中的重要作用，这些大学汇聚了全球顶尖的人才和学术资源，同时也承载着全球社会的高度期待；这意味着世界一流大学将成为应对全球挑战的中心和促进世界沟通的桥梁，充分彰显了世界一流大学的全球责任和影响力。

2. 全球贡献

世界一流大学特有功能强调的全球贡献是世界一流大学责任和能力的体现。本研究的结果显示，世界一流大学特有功能体现的全球贡献包括教育贡献、学术贡献和社会贡献三种类型。教育贡献体现在世界一流大学输出全球人才、引领大学发展模式、产出先进的教育思想、理念和实践等；学术贡献体现在世界一流大学创造变革性和引领性的全球知识、制定和保持高水平的学术标准；社会贡献体现在世界一流大学为全球问题提供有效解决方案、开展包容性创新并不断推动社会流动、对可持续发展保持坚定承诺等。例如,在比利时鲁汶大学的战略规划中,该校的工作重点之一就是推动可持续发展,这体现在其对可持续的大学管理、科学研究与人才培养上的坚定承诺。可持续的大学管理指的是鲁汶大学鼓励教职人员绿色出行、减少建筑物碳排放量等(KU Leuven,2019)。鲁汶大学的可持续发展理念正在或即将引领未来大学发展的新方向,贡献于全球可持续发展目标的实现。这意味着世界一流大学需要承担全球责任,作出与其世界性的影响力相匹配的贡献,也即世界一流大学肩负着引领世界的远见卓识、培养世界领袖、贡献世界性知识、服务世界发展、解决世界问题的使命和责任(王明明,2018)。

3. 全球影响

世界一流大学特有功能显现的全球影响与其所强调的全球定位和全球贡献密不可分。基于本研究的结果,世界一流大学特有功能所彰显的全球影响主要包括思想影响、实践影响、学术影响和文化影响等,主要体现在以下三个方面:首先,世界一流大学在思想、理念和实践上对学生、教师、(其他)大学和整个社会有引领作用。世界一流大学是高水平学术标准的制定者和保持者,同时也是以新方法获取和传播知识、解决人类共同面临的迫切问题的领导者和先行者。多所世界一流大学都表达了它们将继续对全球政策、文化、实践与理念产生积极影响。例如,英国伦敦大学国王学院在其战略规划中宣称"我们的学者与其他大学、企业、文化机构、医疗机构和政府决策者建立联系并进行协作,从而确保我们科研活动具有全球影响力——改变并影响全球范围内的实践、理念、行为、政策和文化"(King's College London,2017)。克莱曼与维拉斯(Kleinman & Vallas,2001)认为,这种全球影响力在科学研究上体现为学院合作化(collegialization),意味着世界一流大学中的科学家们将超越国家边界,组建和参与国际联盟或全球科研团队,在应对全球挑战、解决全球问题上发挥重要作用。其次,世界一流大学在全球范围内的影响力也可视作其自身的吸引力和号召力。正如迪姆等学者(Deem et al.,2008)的研究显示,鉴于全球化环境中各国高等教育系统之间的竞争愈发激烈,许多国家(如东亚的一些国家)被世界一流大学的形象所吸引。因此,它们希望通过学习甚至是复制世界一流大学的模式(主要是西方大学)来重塑其高等教育领域并提升水平。同时,世界一流大学有着"特权声音"(privileged voice),这得益于全球社会对其学术能力和声誉的认可。因此,在解决重大问题和提出新的理念时，这些大学及其学者是最容易被认可的群体，同时也影响着学术趋势的走向。再次，世界一流大学培养具备全球视野和引领未来发展的人才与领袖。这些人才遍布全球各个国家，在推动各国及全球进步的同时，也传递着跨越国家边界、有关人类共同利益的文化和理念。因此，世界一流大学的全球影响（特别是文化影响）不可小觑。

4. 全球合作

世界一流大学特有功能强调的全球合作，既是世界一流大学的优势与资源，也是其特有功能得以形成和发挥的必要条件。本研究的结果显示，世界一流大学特有功能所强调的全球合作不只局限于与其他组织和机构的国际学术交流与互动，更体现在世界一流大学构建和参与全球合作网络（如各类大学联盟），最终推动全球学术共同体的形成。通过直接或间接的联系，全球范围内的世界一流大学在无形中构成了一个全球性的合作网络，这一全球网络中的参与者（世界一流大学）共享人才、知识和资源，在解决全球问题上肩负责任与使命，并为达到共同的目标而努力。马金森（Marginson，2019）指出，作为相当"密集"的网络化机构，世界一流大学构成了两种对话的空间：学术领域的知识形成对话以及针对当前事务的更多通用对话。因此，世界一流大学比其所处的国家或是当地社会更加全球化。同时，世界一流大学的全球合作网络意味着在垂直方向上的排名中相互竞争的世界一流大学也在水平方向上协同工作。但这并不意味着世界一流大学的竞争和合作（或者说是其国家目标和全球活动）以无缝方式巧妙地融合在一起。全球合作中有协同作用，但也存在着紧张关系和封闭的角落。在全球高等教育活动中，共同利益不一定是最重要的，但显而易见的是，全球合作网络的扩张意味着潜在的全球共同利益已从根本上得到了扩展（Marginson，2019）。这表明世界一流大学的全球角色和国家责任并非处于冲突之中，强调的是两者之间的合作而非竞争，这超越了 Scott（2006）提出的大学的国际化功能，该功能指的是将大学的三大基本功能国际化，从而服务于民族国家的发展并推动其在国际市场中的竞争。

（三）世界一流大学特有功能与三大基本功能的关系

基于本研究的结果可以发现，世界一流大学的特有功能与其三大基本功能（人才培养、科学研究和社会服务）密切相关但又存在差异；三大基本功能无法涵盖世界一流大学的特有功能。例如,世界一流大学引领和参与全球合作构建全球学术共同体以服务全球共同利益超越了三大基本功能的范畴。首先,全球合作不同于科学研究和社会服务中传统的国际合作与交流。通过全球合作,世界一流大学构建了全球合作网络。这一合作网络把每所世界一流大学都视为网络中的关键节点,缺一不可。全球网络的建立得益于每所身处其中的世界一流大学,这些大学本身就起到了扩展网络的作用。通过直接或间接的联系,全球的世界一流大学可以在无形中组成一个动态的、覆盖全球的合作网络,它使得具有共同目标的全球学术共同体得以形成和发展。身处共同体中的成员(世界一流大学)共同应对全球社会面临的严峻挑战并引导全球社会的发展与进步。其次,学术共同体并非只是科研共同体(主要开展国际科研合作),它还承载着社会责任。例如,在某些情况下,学术共同体中的世界一流大学扮演着外交"缓冲器"的角色。也就是说,即便世界一流大学所处的国家间存在紧张关系,大学间的合作与沟通也可能不会中止。在此过程中,大学间的交流为缓和国家关系创造了超越政治和经济利益的另一种途径。由此可见,通过全球合作形成的全球学术共同体打破了国家利益壁垒,指向的是人类命运共同体的终极目标。

此外,世界一流大学作为全球(研究型大学)榜样部分是基于世界一流大学卓越的人才培养、科学研究和社会服务,这反映了世界一流大学本身的影响力、吸引力和软实力,超越了三大基本功能的范畴。根据英国罗素集团的报告,开展大规模的卓越研究是世界一流大学成为全球研究型大学榜样的途径之一。具体而言,世界一流大学产出对一国知识基础和创新能力至关重要的成果,创造知识并获得科学突破,推动经济增长并提升社会福祉,从而成为全球研究型大学的领导者和典范(Russell International Excellence Group, 2012)。由此可见,世界一流大学作为全球研究型大学榜样不是其科学研究功能本身的内容,但却是通过获得科研卓越而实现的。

也就是说,世界一流大学的特有功能部分基于三大基本功能,而又高于三大基本功能。具体而言,服务全球共同利益这一理念的全局性与深远性、其实践途径的复杂性和多元性已经超越了大学的三大基本功能,而作为全球(研究型大学)榜样更是体现了世界一流大学自身的影响力、吸引力和引导/引领作用,显然也已经超越了大学的三大基本功能。可以发现,特有功能已经明显超越了三大基本功能的范畴,与三大基本功能有着实质性的区别,难以归并到三大基本功能之中。但是，特有功能与三大基本功能不是按照同一逻辑框架划分的，简单地把特有功能界定为与三大基本功能并列的第四功能也有值得商榷之处。实际上，特有功能是世界一流大学区别于一般研究型大学的特有作用和特殊使命，包含着人们对世界一流大学应有价值的判断、追求和选择。因此，本研究认为将其称之为"世界一流大学的特有功能/特殊使命"更为恰当。

(四) 世界一流大学的特有功能/特殊使命源于其独特优势

通过以上讨论可以发现，世界一流大学的特有功能/特殊使命主要表现在世界一流大学服务全球共同利益和作为全球（研究型大学）榜样上，其本质特征包括全球定位、全球贡献、全球影响和全球合作。虽然世界一流大学的全球导向和特征并非其独有，一般研究型大学也积极开展跨国合作与交流且在某些领域作出了全球性的贡献，在某些方面也有与世界一流大学特有功能/特殊使命相似的表现（见第三章第一部分）；但是，世界一流大学特有功能/特殊使命之所以为世界一流大学所特有并作为其区别于一般研究型大学的功能/使命是因为这一特有功能/特殊使命与世界一流大学的独特优势密切相关，包括全球责任、全球能力和全球声誉。

1. 全球责任

世界一流大学的特有功能/特殊使命与其肩负的责任有关，也即世界一流大学所拥有的资源、竞争力和影响力等决定了它们应该志存高远、肩负更重要的全球责任。例如，世界一流大学培养全球人才和领袖、解决全球性问题、担当全球学术标准的制定者和保持者等，而一般研究型大学往往更重视当地社会及其国家的发展，更多为当地社会和国家提供服务。正如申正澈和克姆（Shin & Kehm，2013）指出，全球高等教育系统中存在着使命差异化现象，这意味着不同大学的关注点及其所承担的责任各不相同，因为并非所有大学都能成为世界一流大学。世界一流大学最终指向的是"全球性"认可这一潜在特征，可以概括为：全球性声誉、全球问题研究能力、适应全球变革的战略、参与全球竞争的能力以及立足本土的全球性价值（刘康宁，2019）。这既是世界一流大学全球性的体现，也是其"世界一流"身份赋予的全球责任。因此，尽管一般研究型大学在某些情况下与世界一流大学发挥着相似的功能，但它们所肩负的全球责任不如世界一流大学明显，而这也决定了世界一流大学必然具备区别于一般研究型大学的特有功能/

特殊使命。

2. 全球能力

世界一流大学的特有功能/特殊使命是有关能力匹配度的问题,也即只有世界一流大学才具备相应的全球能力并发挥特有功能/特殊使命。例如,解决全球性问题并成为全球知识生产、技术创新的领导者需要开展与现实挑战密切相关的基础研究,这需要世界一流的科研团队和学术设施、充足的经费以及高水平的、覆盖全球的合作网络。资金和设施的限制通常令一般研究型大学无法开展那些耗时长且收益慢的大规模基础研究。换句话说,与世界一流大学相比,一般研究型大学在资源支持和全球连通性上略显不足。正如马金森(Marginson,2011a)所说,那些能够开展全球活动且肩负全球责任的大学,首先应该具备全球能力(global capacity)和全球连通性(global connectivity)。前者取决于大学的财政资源、基础设施、文化/语言和知识资源以及组织和监管机制等;后者意味着大学需要构建和参与全球合作与沟通网络。显而易见的是,全球能力和全球连通性通常出现在世界一流大学之中,因为它们具有多个领域的全球科研能力和产出,且在全球范围内建立合作网络,获得全球性认可并在当地、国家和全球范围内开展有效行动。因此,世界一流大学的全球能力强于一般研究型大学,而这也是世界一流大学拥有和发挥特有功能/特殊使命的必要条件。

3. 全球声誉

世界一流大学的特有功能/特殊使命与其声誉和由此带来的影响力及号召力有关。基于本研究的结果,在全球范围内合作建立全球学术共同体、应对全球重大挑战以服务于全球共同利益不仅需要世界一流大学的全球能力和全球连通性,还需要世界一流大学的全球声誉以及由此产生的影响力和号召力。与此同时,世界一流大学作为榜样引领其他大学和整个社会的精神、价值和实践也与其全球声誉及由此产生的影响力和号召力密切相关。正如本研究中的一位受访者所指出的那样,世界一流大学的全球影响力使它们具备"特权声音",这使得这些大学在理解、发现和解决难题方面始终处于领先和中心地位。因此,世界一流大学引领社会发展中发挥着更重要的作用。世界一流大学的全球能力和全球连通性在一定程度上增强了这种全球影响力,但这一影响力更多与世界一流大学的全球性声誉相关——源于世界一流大学悠久的历史、文化和贡献。正如一些学者所说,"世界一流"一词在很大程度上取决于大学的声誉。因此,全球声誉可以被认为是大学是否拥有"世界一流"地位或身份的决定性因素，同时可被视作世界一流大学的独特优势，为其带来了全球范围内的影响力和号召力（Xavier & Alsagoff，2013；刘康宁，2019）。全球声誉决定了世界一流大学拥有和发挥特有功能/特殊使命的合理性和有效性。

（五）世界一流大学特有功能/特殊使命的定义

本研究的结果显示，世界一流大学具备区别于一般研究型大学的特有功能，主要表现在服务全球共同利益和作为全球（研究型大学）榜样上。通过深入分析后发现，世界一流大学特有功能的本质特征包括全球定位、全球贡献、全球影响和全球合作。以上特征同时也体现了世界一流大学的全球性。值得注意的是，世界一流大学的特有功能与其三大基本功能（人才培养、科学研究和社会服务）密切相关但又存在差异，特有功能超越了三大基本功能的范畴，与三大基本功能有着实质性的区别。但是，特有功能与三大基本功能不是按照同一逻辑框架进行划分的。实际上，特有功能是世界一流大学区别于一般研究型大学特有的作用和特殊的使命。因此，本研究将其界定为世界一流大学的特有功能/特殊使命。世界一流大学的特有功能/特殊使命之所以为世界一流大学所特有与世界一流大学的独特优势密切相关，包括全球责任、全球能力和全球声誉。

在此基础上，本研究将世界一流大学的特有功能/特殊使命总结为世界一流大学的"全球化使命"（Globalizing），即面对日趋复杂的高等教育国际化、不断增加的全球性挑战以及快速发展的信息技术，世界一流大学凭借其全球责任、全球能力、全球声誉等独特优势，服务全球共同利益、作为全球（研究型大学）榜样，并持续强化其特有功能/特殊使命的本质特征，包括全球定位、全球贡献、全球影响、全球合作等。

五、结语

本研究的结果表明，世界一流大学与一般研究型大学在三大基本功能上存在差异，但这并不意味着世界一流大学在人才培养、科学研究和社会服务上的表现均优于一般研究型大学。同时，世界一流大学具备区别于一般研究型大学的特有功能/特殊使命，主要表现在服务全球共同利益和作为全球（研究型大学）榜样上,并呈现出四项本质特征,包括:全球定位、全球贡献、全球影响和全球合作。世界一流大学的特有功能/特殊使命超越了其三大基本功能的范畴,同时也是世界一流大学区别于一般研究型大学的功能/使命。基于此,本研究将其定义为世界一流大学的"全球化使命"。正如曾任加州大学伯克利分校校长的杜宁凯(Nicholas Dirks, 2015)所说:"这里的目标有两个:第一,大学代表着全球制度建设中最成功的案例;第二,如果大学合作建立全球课程和全球平台以进行科研和教学,大学或许会带来新的模式和思想以为参与和重新构想全球化提供新的选择。"因此,无论何时何地,作为全球顶尖研究型大学的世界一流大学都应该超越人才培养、科学研究和社会服务的传统功能,走向更广阔的天地——这既是真实存在的,也是一种隐喻——从而使世界一流大学以创新性的、充满活力的和极具影响力的方式与世界各地的大学建立联系。世界一流大学并非完美无缺,但无论是在现在还是未来,其特有功能/特殊使命,即"全球化使命",都应受到珍视并被不断强化。

参考文献

陈超.(2004).从文化全球化看世界一流大学的交往功能.外国教育研究.31(3),29 - 33.

顾建民,& 刘爱生.(2011).世界一流大学的价值追求.教育发展研究,(17),54 - 57.

黄福涛.(2017).什么是世界一流大学的本科教育.高等教育研究,38(8),1 - 9.

蒋国华,& 孙诚.(2000).一流大学与科学贡献.高等教育研究,(2),65 - 68.

刘康宁.(2019).如何认识与评价世界一流大学的"全球性"潜在特征.江苏高教,(9),29 - 34.

任燕红.(2012).大学功能的整体性及其重建(博士论文).重庆:西南大学.

宋福进.(2003).大学使命:美英著名大学的分析比较.江苏高教,(2),123 - 126.

王明明.(2018).国际责任与话语权:一流大学国际化建设的使命与方向.现代教育管理,(11),59 - 64.

邬大光.(2018 - 06 - 19).大学人才培养须走出自己的路.光明日报,13.

张凯.(2005).试论一流大学的内涵发展与人才培养.中国高教研究,(9),26 - 27.

张晓红.(2011).论科学研究在高校中的地位与功能.国家教育行政学院学报,(5),37 - 40.

赵景阁.(2007).试论世界一流大学职能的多元化.文教资料,(28),56 - 58.

Altbach, P. G. (2009). Peripheries and centers: Research universities in developing countries. Asia Pacific Education Review, 10(1): 15 - 27.

Cheng, Y., Wang, Q., & Liu, N. C. (2014). How world-class universities affect global higher education. In Cheng, Y., Wang, Q., & Liu, N.C. (eds.), How World-Class Universities

Affect Global Higher Education, 1 – 10. Rotterdam: Sense Publishers.

Creswell, J. W., & Plano Clark, V. L. (2011). Designing and Conducting Mixed Methods Research. Los Angeles, California: SAGE Publications.

Deem, R., Mok, K. H., & Lucas, L. (2008). Transforming higher education in whose image? Exploring the concept of the 'world-class' university in Europe and Asia. Higher Education Policy, 21(3): 83 – 97.

Dirks, N. (2015, October 2). The future of world-class universities. University World News. Retrieved June 16, 2017 from http://www.universityworldnews.com/article.php?story=20151001004022774.

Douglass, J. A. (ed.). (2016). The New Flagship University: Changing the Paradigm from Global Ranking to National Relevancy. London: Palgrave Macmillan.

Jongbloed, B., Enders, J., & Salerno, C. (2008). Higher education and its communities: Interconnections, interdependencies and a research agenda. Higher Education, 56(3): 303 – 324.

King's College London. (2019). King's Strategic Vision 2029. Retrieved December 4, 2019 from https://www.kcl.ac.uk/aboutkings/strategy/index.aspx.

Kleinman, D., & Vallas, S. (2001). Science, capitalism, and the rise of the knowledge workers: The changing structure of knowledge production in the United States. Theory and Society, 30(4): 451 – 492.

KU Leuven. (2019). Strategic Plan for KU Leuven. Retrieved September 5, 2019 from https://www.kuleuven.be/english/about-kuleuven/strategic-plan/index.html.

Lee, J. (2013). Creating world-class universities: Implications for developing countries. Prospects, 43(2): 233 – 249.

Liu, N. C. (2009, February). Building up world-class universities: A comparison. Presentation in 2008 – 2009, Research Institute for Higher Education, Hiroshima University.

Marginson, S. (2011a). Higher education in East Asia and Singapore: Rise of the Confucian model. Higher Education, 61(5): 587 – 611.

Marginson, S. (2011b). Global Perspectives and Strategies of Asia-Pacific Research Universities. In Liu, N.C., Wang, Q., & Cheng, Y. (eds.) Paths to a World-Class University: Lessons from Practices and Experiences, 3 – 28. Rotterdam: Sense Publishers.

Marginson, S. (2013). Nation-states, educational traditions and the WCU project. In Shin, H.C., & Kehm, B.M. (eds.) Institutionalization of World-Class University in Global Competition, 59 – 77. London: Springer.

Marginson, S. (2019). Global cooperation and national competition in the world-class university sector. In Wu, Y., Wang, Q., & Liu, N.C. (eds.) World-Class Universities: towards a Global Common Good and Seeking National and Institutional Contributions, 13 – 53. Rotterdam: Brill Sense Publishers.

Mayring, P. (2014). Qualitative Content Analysis: Theoretical Foundation, Basic Procedures and Software Solution. Retrieved December 4, 2019, from https://nbn-resolving. org/ urn: nbn: de: 0168 - ssoar-395173.

Mohrman, K., Ma, W., & Baker, D. (2008). The research university in transition: The emerging global model. Higher Education Policy, 21(1): 5 - 27.

Ouda, H., & Ahmed, K. (2015). Strategic approach for developing world-class universities in Egypt. Journal of Education and Practice, 6(5): 125 - 146.

Parsons, T., & Platt, G. M. (1973). The American university. Cambridge, Mass.: Harvard University Press.

Parsons, T., & Smelser, N. (1956). Economy and Society: A Study in the Integration of Economic and Social Theory. London: Routledge.

Plowman, D. (2019). A message from the chancellor. University of Tennessee-Knoxville. Retrieved October 16, 2019 from https://chancellor.utk.edu/.

Reichert, S. (2009). Institutional diversity in European higher education: Tensions and challenges for policy makers and institutional leaders. Belgium: European University Association.

Russell International Excellence Group. (2012). Jewels in the crown: The importance and characteristics of the UK's world-class universities. Russel Group Papers. Retrieved June 16, 2017 from https://www.russellgroup.ac.uk/media/5227/jewelsinthecrown.pdf.

Salmi, J. (2009). The Challenge of Establishing World-Class Universities. Washington, D. C.: World Bank Publications.

Scott, J. C. (2006). The mission of University: Medieval to postmodern transformations. The Journal of Higher Education, 77(1): 1 - 39.

Shin, J. C. (2013). The world-class university: Concept and policy initiatives. In Shin, J.C., & Kehm, B.M. (eds.) Institutionalization of World-Class University in Global Competition, 17 - 32. Dordrecht, Heidelberg, New York, London: Springer.

Shin, J. C., & Kehm, B. M. (eds.). (2013). Institutionalization of World-Class University in Global Competition. Dordrecht, Heidelberg, New York, London: Springer.

Soukhanov, A. H., Ellis, K., & Severynse, M. (1992). The American Heritage Dictionary of the English Language. Houghton Mifflin Company.

Tian, L. (2019). World-class universities: A dual identity related to global common good(s). In Wu, Y., Wang, Q., & Liu, N.C. (eds.) World-Class Universities: towards a Global Common Good and Seeking National and Institutional Contributions, 93 - 113. Rotterdam: Brill Sense Publishers.

Tian, L., & Liu, N. C. (2020). The role of world-class and regional research universities in contributing to the New Silk Road. In Kirby, W.C., Liu, N.C., Marginson, S., & van der Wende, M.C. (eds.) The New Silk Road: Connecting Universities between China and Europe. Oxford: Oxford University Press.

van der Wende, M. C. (2019). World-class universities' contribution to an open society:

Chinese universities on a mission? In Wu，Y.，Wang，Q.，& Liu，N.C.（eds.）World-Class Universities：towards a Global Common Good and Seeking National and Institutional Contributions，189 – 214. Rotterdam：Brill Sense Publishers.

Wang，Q.，Cheng，Y.，& Liu，N. C.（2013）. Building world-class universities：Different approaches to a shared goal. In Wang，Q.，Cheng，Y.，& Liu，N.C.（eds.）Building World-Class Universities：Different Approaches to a Shared Goal，1 – 10. Brill Sense.

Xavier，C. A.，& Alsagoff，L.（2013）. Constructing "world-class" as "global"：A case study of the National University of Singapore. Educational Research for Policy and Practice，12(3)：225 – 238.

（田琳、王琪　译校）

第三章
全球科学系统与国家科学系统[①]

西蒙·马金森(Simon Marginson)

英国牛津大学(University of Oxford)、俄罗斯高等经济学院(Higher School of Economics)、澳大利亚墨尔本高等教育研究中心(Melbourne Centre for the Study of Higher Education)

一、引言

过去 30 年间,尽管各国间的发展存在不平衡的现象,但世界范围的科学研究能力有了很大提升。在 1995~2018 年间,在所有经合组织成员国中,所有领域的研发支出占各国国内生产总值(GDP)的比重平均从 1.95% 上升到 2.4%。在可获得数据的 32 个经合组织成员国中,27 个国家研发支出占 GDP 的比重有所增加,但在其他 5 个国家中有所下降。在奥地利、捷克共和国、希腊、匈牙利、韩国、以色列、立陶宛、葡萄牙、韩国和土耳其等经合组织成员国以及中国大陆和中国台湾等国家/地区中,研发投入占 GDP 的比重增加了一倍以上。

在 1995~2017 年间,按固定价格计算的高等教育研发支出的绝对水平几乎在所有国家和地区都有所增长。韩国的研发支出增长了 4.6 倍;中国的研发支出增长了 15.5 倍;美国和加拿大增长了 1 倍以上;英国和德国几乎增长了 1 倍。与此同时,研究者的数量也在增加。尽管有关高等教育研究者的数据不够全面,但在处于中等增长状态的德国,科研的发展速度虽不及东亚,但高等教育领域全职研究者的数量从 2000 年的 53 905 人增加到 2018 年的 141 434 人(OECD,2020)。

---

① 本研究由英国经济及社会研究理事会(the Economic and Social Research Council)资助,在全球高等教育中心(the ESRC/OFSRE Centre for Global Higher Education)进行(资助编号:ES/M010082/1)。

资源投入的增长带来了科研产出的相应增长。在2000～2018年间，斯高帕斯数据库（Scopus）上发表的论文总数从2000年的107.2万篇增至2018年的255.6万篇，年增长率为4.95％，按历史标准［National Science Board（NSB），2020，表S5A‐2］计算，这呈现出快速的增长趋势，而全世界的GDP每年增长2.5％（World Bank，2020）。

科学发展具有两个显著特征。首先，它以两种形式协作增长：国家网络和全球网络（见图3.1）。在这两种形式下，与外部机构人员合作撰写论文的增速都快于单一机构中的合作撰写或独立撰写的论文。图3.1中的斯高帕斯数据显示，1996～2018年，同一国家系统中多个机构合著论文的比例从35.1％上升到44.4％。多个国家合著论文的比例从12.4％增加到22.5％。与此相对应的是（尽管少量论文不含机构隶属关系记录），在同一机构内独立撰写或共同撰写论文的比例从50.7％下降到32.6％（NSB，2020）。

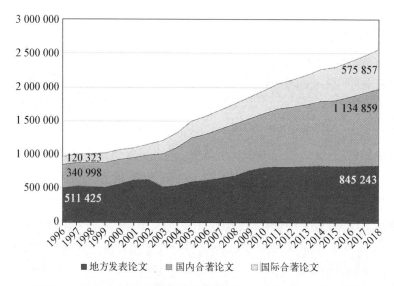

图3.1　1996～2018年斯高帕斯数据库（Scopus）全球论文发表数量

资料来源：2020年美国国家科学委员会（NSB）数据（表S5A‐32）。

注：论文总量从1996年的972 746篇增加到2006年的1 574 326篇，2016年论文总量为2 377 180篇，2018年为2 553 959篇。地方发表论文是指由同一机构的一位或多位作者合作发表的论文；国内合著论文涉及同一国家中的多个机构；国际合著论文包括来自多个国家的作者。

1970年，国际合著论文仅占科学网（Web of Science）索引论文的1.9％（Olechnicka et al.，2019，p.78）。近年来，国际合著论文数量增加，几乎占所有论文的四分之一,这表明了全球科学网络的活力。尽管如此,在国家层面扩大网络化活动也很重要,特别是在某些新兴系统中,这将在下文进行讨论。全球科学系统和国家科学系统同步发展。

其次,科学的发展伴随着国家的多元化。新兴科学国家已经出现,它们拥有自己的博士培训项目、资助项目和发表成果。许多新兴科学国家并不富裕,属于中等偏低收入国家。在 2018 年发表超过 5 000 篇论文的 15 个国家中,2000～2018 年的发文量增速超过了全球平均增速 4.95%(见图 3.2)。在这 15 个发文量快速增加的科学国家中,有 9 个国家的人均收入低于 2018 年的世界平均水平 17 912 美元。各国科学能力在世界范围内不断扩展。1987 年,全球 20 个相对富裕国家的发文量占所有已发表科研成果的 90%。到 2017 年,32 个国家的发文量之和占所有已发表科研成果的 90%,更多元化的全球性科学发展(见表 3.1)。

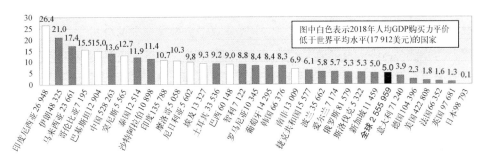

图 3.2　2000～2018 年科学论文发表数年增长率(%)

资料来源:2020 年美国国家科学委员会(NSB)数据(表 S5A－2);World Bank(2020)。

注:这些国家包括论文增长率高于全球平均增长率 4.95%且在 2018 年发表超过 5 000 篇论文的国家,以及(除此以外的)6 个在 2018 年论文发表数量最多的国家。

表 3.1　1987～2016 年世界各国科学论文产出情况

年　　份	1987	1997	2007	2017
拥有世界科学论文 50%的国家数量	3 (美国、英国、德国)	4 (美国、日本、德国、英国)	5 (美国、中国、日本、德国、英国)	6 (中国、美国、印度、德国、日本、英国)
拥有世界科学论文 75%的国家数量	9	11	14	16

续　表

年　　份	1987	1997	2007	2017
拥有世界科学论文90％的国家数量	20	23	26	32

资料来源：Grossetti(2013，p.2225)；NSB(2020，表 S5A - 2)。

注：1987 年、1997 年和 2007 年的数据来自科学网；2017 年的数据来自斯高帕斯数据库。

　　本章侧重分析科学领域的发文和合作，尤其是自主的、自下而上的、开放的科学网络化全球系统与更受外界支配的、有界限的、被控制的国家科学系统之间的关系。虽然这两种科学系统各不相同，但它们在现实世界中相互重叠。本章借鉴了与科学有关的二手数据，这些数据来自爱思唯尔(Elsevier)的斯高帕斯数据库和科睿唯安(Clarivate Analytics)的科学网数据库，并经由美国国家科学委员会(National Science Board)和其他机构重新计算和分析。本章还讨论了相关解释科学生产与合作的文献的发现，主要是基于科学计量学的分析。

　　"系统"(system)是指在特定边界内共同形成一个交互式整体的一组元素。就其本身而言，"系统"的这种简单定义与"领域"(field)的社会学概念一致(Bourdieu 1993；Fligstein & McAdam，2012)，但前者更加开放且没有理论上的限制。卢曼(Luhmann)在其《社会理论》(*Theory of Society*)一书中指出，迈向世界社会的决定性一步是"充分发现地球是一个存在着有意义的交流的封闭领域"(Luhmann，2012，vol.1，p.85)。所有的社会系统，包括国家和地区系统，都处于以自然生态系统为基础的世界社会这种单一交流系统中。

　　在本章中，我们将"科学"理解为由五个在某种程度上自主的元素的组合。第一个元素是研究者和研究团队，主要是自发组织的且在网络化交换系统中偶然联系起来。"全球范围内几乎每个国家都有科学知识的产生。科学家在全球认知社区中组织起来，将其知识整合为在专业期刊上发表的、经过同行评审的文章之中"(Wuestman et al.，2019)。这一社区中既有竞争，也有合作(Powell et al.，2017，p.31)。第二个元素是组织，大学、机构、研究中心、公司和政府实验室也处于网络之中。第三个元素是基础设施，包括工具、设备、机器、信息和通信资源。第四个元素是生成、共享、编码、传播、存储和复制的已发表的知识。这些已发表的知识基于对话、模型、未发布的数据和论文草稿组成的大型基础结构，这些基础结构可被共同定义为前科学知识(pre-science knowledge)。第五个元素是科学活动及其所在机构必需的监管政策、规则、惯例、规范、话语、论述、数据协议和行为守则等。

本章的重点是科学而非研究。尽管本章涉及科学的国家范围和全球范围,但本章强调了参与全球对话的不同学科,这些学科以自然科学为基础。本章较少涉及社会科学且几乎不涉及人文科学。本章对科学相对狭隘的关注点取决于其对全球关系的探究(这种偏向并不能反映作者的内在偏好,因为作者从事的是社会科学中的人文主义领域的相关研究,具体而言是把教育学与社会理论、政治经济学、社会学和历史学相结合)。

接下来的两个部分将讨论一般意义上的全球维度和科学中的全球维度,并概述了全球科学系统和国家科学系统。之后,本章根据数据和文献来考虑每种系统的动力和轨迹。本章的结论反映了全球科学和国家科学之间的关系。

二、全球维度与科学

本章使用的"全球的/全球性"(global)一词并不是指整个世界及其所有物。全球维度特指构成世界或行星本体论的活动和关系,这种活动和关系趋向于作为一个整合元系统的发展与进化。"全球化"(globalization)是指全球融合和整合相结合的过程(Held et al.,1999;Marginson,2010;Conrad,2016)。这些过程是局部的和临时的。全球现象的存在并不意味着所有事物都与其他事物相联系,也不意味着全球力量独立于人类行动,或是全球力量始终是决定性的,或全球因素必定比地方行动者更胜一筹(Conrad,2016,p.158)。全球关系为人们的各种行动提供了条件,就如民族国家和地区内部的关系以及亲属与地域的"路径依赖"也为人们的行动提供了条件。任何层次的行动都可以是决定性的。

此外,渐增的全球开放性、相互联系和互动往往夹杂着分裂、分歧和自我封闭。人类事务中的空间性通常是复杂的或必然连续的。半有界系统(half-bounded systems)与其他系统相交且随意地散布在较大的空间中。全球趋势并非总是会更大程度的融合:相互联系和互动渐增的时代可能伴随着脱节和分歧的时代(Conrad,2016,p.99)。全球化和反全球化这两种元趋势可以重合。目前,全球一体化在诸如贸易等领域可能正在逆转,而在诸如文化等其他领域则在向前发展，正如在 19 世纪 30 年代一样。尽管政治和经济全球化受到干扰，但全球科学系统的一个特点是其在全球范围内持续不断的扩张。

在社会理论和有关科学的文献中（Choi，2012，pp.25 - 26），研究者有关"全球的/全球性"和"全球化"的看法存在分歧。有些人将"全球"理解为一个规范性术语，而另一些人（包括本章作者）则将其理解为中立的描述语。对某些学者而言，"全球化"本质上是自上而下的，将全球市场的形成与新帝国主义的西方（尤其是美国）霸权以及新自由主义政策的敏感性相结合，促进了新兴国家的从属和对其剥削，维持了新殖民主义关系并导致了文化的均一化。其他人则认为，全球趋同与国家间收入差距的缩小、文化融合、泛国家区域合作以及在流动性和跨文化学习中人类能动性的新潜力有关。本章介绍了以上所有内容。在特定情况下，全球一体化可与纵向或横向关系、同质性或多样性以及所有的国家、区域或共享形式相关联。全球科学中既有等级体系又有扁平化网络。全球关系的性质是一个经验性问题。

可以说，全球化背景下的全球维度及其形成有三种主要的空间性（Held et al.，1999；Marginson，2010；Conrad，2016）。首先，世界范围内存在相互依赖的系统，例如自然世界中的气候系统、一体化通信网络或全球科学系统；全球科学系统将在本章中进行讨论，它会影响国家和地方行动者的工作条件。一种全球系统（尽管受限）是民族国家之间的多边互动（Held，2003，pp.73 - 86）。各国身处多种多样的联系之中（包括默认的、非正式的、双边的、区域性的等），并把有限的正式权力授予作为一个集体机构的联合国大会（the United Nations General Assembly）。卢曼认为多边全球治理在多大程度上构成系统性整体有待商榷。如果是一个整体的话，也是松散的。当然，也有一些组织具备全球使命，其中一些是典型系统，如作为金融协调机构的国际货币基金组织（IMF）。

第二，世界范围内存在跨境联系和关系，例如贸易和移民式的人员流动。与全球系统不同，这些联系并不会触发国家结构的最初变化，但当它们变得"常规且持久"时，它们可能会"以深刻的方式塑造社会"（Conrad，2016，p.9），"嵌入结构转型过程中"（p.64）。赫尔德等学者（Held et al.，1999）将这些重复的、嵌入的过程称为"制度化"，意味着"互动模式的规范化以及它们在时空上的再现"（p.19）。跨境联系可能会在当地产生有限的影响，因为不会对一些地方造成影响，但随着世界日益一体化，常规全球联系的变革潜力正不断彰显。

第三,世界范围内存在思想、模式和行为的广泛传播,这在国家或是区域层面又具有变革性,并可能增加世界不同地区的事件和敏感性的共时性及其同步发展。

科学,包括社会科学,都涉及三种全球性形式(Helibron,2013,p.698)。科学出版物构成了世界范围内的英语编纂知识体系。科学界有许多跨境数据传输和人员流动。科学知识和实践显而易见且会迅速传播。传播过程又为全球科学系统的发展提供了有利条件。在本章中,全球科学仅指科学的一部分,它进入了由人、机构和已出版作品组成的通用网络化全球系统。在这里,全球科学不仅局限于"超越国家和地区"层次的科学(Helibron,2013,p.692),或是仅关注可识别的全球性问题(例如,气候问题),它包括在常见的跨境对话中生成的所有科学知识以及维持这些对话的基础架构和活动。

科学领域的全球联系促进了通用方法的传播以及全球和国家层面的网络化科学系统的建设。卡斯特尔在《网络社会》(*The Network Society*)(Castells,2000)中解释了网络的发展逻辑。随着网络的发展,每个后续节点的成本都可忽略不计。通过增加潜在的有效连接并降低整个网络中每个连接的平均单位成本,现有节点的价值得以增加。网络不断催生新的行动者,自然地扩展以完全包含每个可能的节点,同时覆盖每处可能的边界,在现有节点之间增加每个可能的连接。网络鼓励连接的不断扩展,同时推动"扁平"的水平关系和网络力量的集聚。卡斯特尔(Castells,2001)指出,互联网"允许大城市集中化和全球联网同时进行"(p.225)。网络聚集在主要节点上,赋予这些节点权力,同时扩大了包容性。网络将扩展动力与增强动力结合在一起。第一个动力产生平面性和包容性。第二个动力产生集中性和等级化。通常情况下,网络的向外扩展和节点的多样化是如此之快,以至于至少在一段时间内,集中性会下降。可以说,这已发生在全球科学之中(Wagner et al.,2015)。有时又会强化发展,集中性和等级化也会加剧。无论集中性如何发展,连接的总数都会不断增加。水平和垂直方向上的这两种动力并不冲突,它们是同一个社会过程的一部分,就如高等教育系统中高参与度的增长同时增强了水平方向上的社会包容性和垂直方向上的院校与社会分层一样(Cantwell at al.,2018)。

全球系统和国家系统中的科学网络截然不同,但两者不一定相互对立。两者彼此促进,这种"国家—全球"共生在全球化中非常普遍。世界历史学家们(例如，Bayly，2004）认为，现代民族国家的产生源于 18 世纪末至 19 世纪中叶的全球战略竞争。欧洲、美洲和日本等将世界视为相互比较的领域。他们互相关注、互相模仿，寻求创新，以在军事和工业能力上获得优势。全球性不一定会瓦解国家性。相反，它们在共生或是紧张关系中为彼此的发展提供了条件。同样，自 1990 年以来，互联网促进了单一科学系统的发展，该系统以分散的科学网络为基础，具有普遍和即时可获得性，已成为科学和知识密集型产业创新的主要来源。与此同时，新兴的全球科学促进并鼓励了国家科学系统的进步和扩展（特别是通过其科研和博士生培养）。各国需要有效地连接科学和技术的共同资源库。为此，它们需要分享全球科学的成果，或至少能够解释这些成果。通过在国内建立国家科学并鼓励科学家的国际合作，各国便可使用该共同资源库。

简而言之，国家科学与全球科学之间的关系具有双向影响。全球科学使国家科学变得更加必要，并使国家科学进入更大的舞台，同时又激发了竞争和合作的持续动力。全球科学部分依赖并包含国家科学系统；它重塑了国家系统。当然，各国也有其自身力量。国家科学系统为全球科学提供资源。在共同发展的过程中，更强大的国家和地区系统以及它们构建的科学家社区塑造了科学中的全球关系。

三、全球和国际科学系统

一方面，各机构之间和国家系统之间的开放空间中有单个科学家和科学团队的自由互动。另一方面，作为全球生存和国家竞争优势的来源，科学是由许多政府资助的且要服从塑造和规范科学机构的国家法律及政策。这就是科学系统中的含混不清。两种科学系统同时运行，即全球系统和国家系统（见图 3.3）。结果之一是科学在多方面都具有全球可识别性。科学在全球空间中是自由联系的，因而它本身就是全球性的；同时，多边国家体系又间接地体现了科学的全球性。这两种全球科学形式都出现在文献中且可在同一篇论文中混合使用。科学的国家和多边框架也许在文献中占主导地位，但是，仅通过零和民族国家多边体系的视角是不可能理解具有正和潜力的全球科学的自由联系的。

"含混不清"的内涵不只是"散乱无章"。若使用安德森（Anderson，1983）的名言来说的话，这两种科学系统不只是"想象中的社区"。全球科学系统和国家

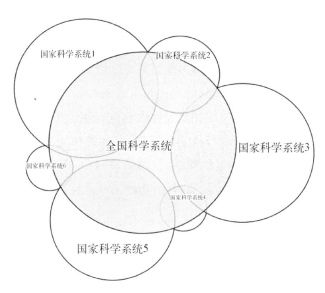

图 3.3　全球科学系统和国家科学系统模型

科学系统中的任意一个都是想象中的关系社区,但也具有实质性和重要性。尽管这些系统中并非所有内容都可被直接观察到,但"系统性"是"一个经验性问题"(Etzkowitz & Leydesdorff,2000,p.113)。可测量的东西很多,例如协作和引用模式。复杂之处在于,从经验角度上讲,全球科学和国家科学这两个类别的内容不是完全区分开来的,它们相互重叠。网络化的全球科学不仅是全球性的,其中大部分内容也是国家科学系统的一部分。科学工作具有多重性,也具有双重角色,同时为全球网络化的科学系统和国家科学系统作出贡献。科学家们戴着两顶"帽子"(全球层面和国家层面),许多人对此都很清楚。

很多人同时在实践全球科学和国家科学,在不同的圈子中进出,或留在同一圈子中但目的和发挥的作用多种多样;他们持续不断地联系在一起,从而带来全球和国家系统之间无形的分工。全球科学和国家科学由(部分)不同的元素组成。尽管全球科学和国家科学都由研究者组成,但国家科学还有其他组成要素。与全球科学不同,国家科学有着正式的组织个性且其网络的节点(单个研究者)并非完全自主。国家科学是一组封闭的活动,主要行动者(民族国家)位于中心。同时,由于国家科学是封闭的,因此它比全球科学受限更多。

全球科学与国家科学之间的本质区别是什么? 雷迭斯多夫(Leydesdorff,2007)解释了全球科学与国家之间的界限:当科学的内容被国家、教会或任何其他权力从外部进行规范时，科学将无法运作。科学必须在功能上有所区别。在认知积累和内容方面，它必须是去中心化的、自我指向的，不受外界干扰。

科学家特别需要功能区分，因为他们需要临时解释或假设（事后可能会改变）的空间。从长远来看，科学只能允许对沟通条件（如资源分配）进行规范控制，而不能对这些沟通的实质性和反应性内容进行规范控制。因此，与规范整合的区别一直是自然哲学（即新科学）进一步发展的功能需求。这一重大冲突出现在西欧，时间是在 1632 年伽利略的《对话录》（*Dialogo*）和 1687 年牛顿的《原理》（*Principia*）出版之间。从那时起，功能区分在社会系统中进一步形成惯例（Leydesdorff，2007，p.382）。

这一事件及其规模解释了全球和国家科学系统之间的显著差异。全球系统是外部自治单元的雷迭斯多夫组合（Leydesdorffian combination），超越外部权威。相反，国家系统将自治科学家的网络与民族国家的外部权威相结合。国家系统总是混合式的，总是容易受到国家规范化的影响。大多数情况下，全球或国家科学家的双重身份为他们提供了移动的空间，从而使他们能够逃避工作中特定内容的规范化。然而，他们通常愿意听取政策制定者的命令，包括：学科之间的优先顺序、重大计划的选择、影响全球科学的阶段性经费否决权以及国家活动地图等。有时，国家政府在项目上进行更严密的干预。

（一）全球科学

全球科学是一个全球性的公民社会，是一种没有单一组织个性的综合文化。卢曼表达了全球科学的纯粹形式："主题构成世界；但主体间性（intersubjectivity）绝不是一个主题。"（Luhmann，1996，p.260）作为全球知识，科学就像是一种语言，以自身的势头以及必要性和偶然性的模式在基层积累；科学部分是零散的，部分是统一的，由公约和标准规范。这些公约和标准在自愿基础上不断进行协商且随时间推移而变化（King，2011）。科学不受单个中心的控制。全球主体的自主实现了全球网络的自主，反之亦然。

瓦格纳（Wagner）、雷迭斯多夫（Leydesdorff）及其同事的工作在描绘全球系统和打破"内部主义者"的解释方面都具有独特性（Conrad，2016，p.88）。在这些解释中，国家社会完全是自我生成的；科学中的跨境活动也是自我生成的。在瓦格纳等人（Wagner et al.，2015）的论述中，国家科学活动与全球活动差别不大。他们发现，全球系统正变得越来越重要，可能会部分取代和破坏国家科学系统。他们强调网络化全球科学的去中心化、自下而上和自我发展的特征。来自新成员国家的研究者可自由进入网络并与来自新兴系统的其他研究者进行协作。处于领导地位的国家和机构不是守门人。这引起了人们对全球系统两个显著特征的关注。首先，它基于研究者的能动性，基于个人自主性；其次，它基于网络化全球系统本身的部分自主性（来自国家和资本）。

科学家的自主性是在特定条件下行使的。科学家需要摆脱国家政府和机构管理者的束缚，柏林（Berlin，1969）称之为消极自由（negative freedome），森（Sen，1985）称之为控制自由（control freedom）。科学家们可以根据同行的集体判断来开展自己的研究探索。他们还需要有效或积极的自由、采取行动的能力（包括获得信息、与他人交流和合作、进行研究以及发表成果的能力）。在这点上，国家系统和个别大学可以影响全球网络化活动的内容而无须转向全球中心。金其拉·科尔德罗等学者（Chinchilla-Rodriguez et al.，2018）指出，"科学的自主性主要受限于获取资金的需求以及提供资金的组织和国家的议程"（p.1486）。

科学家还需要行动自由、意志自由、确定自己方向的动力等（Sen，1985）。越来越多科学家感受到跨境工作的必要性。舒特（Schott，1998）提及了"外在"的主观立场（p.134）。这在一定程度上不同于所有的认知、财务、职业、地位或机构因素（Ryan，2014，p.357；Maisonobe et al.，2016；Kato & Ando，2017）。正如乔治欧（Georgiou，1998）和梅林（Melin，2000）指出的那样，人们对协作网络的强烈渴望早于旨在建立国际合作的正式计划，例如欧洲资助计划（European funding schemes）。"很多时候，必然有一种人际间的微妙关系在起作用……有时甚至是友谊"（Melin，2000，p.39）。与本土友谊（建立在相同语言或文化基础上）相比，这是一种跨文化友谊，它在其他所有方面都是相似的，因此需要更多努力。莱恩（Ryan，2014）的一项调查发现，在影响科学家的各种动机中，"内部自我评估"的影响最强，而"功利性"最弱（p.355）。

全球系统的第二个显著特征是其作为一个系统的自主性。这始于研究者与其他研究者进行交流时的自主性（这是 20 世纪世界范围内建立起来的规范）（Schott，1998，p.116），并延伸到相对于国家和机构主管部门的网络化协作的自主性。瓦格纳与雷迭斯多夫（Leydesdorff & Wagner，2008）在《科学领域的国际合作以及核心小组的形成》（*International Collaboration in Science and the*

Formation of a Core Group）中指出，"科学领域的国际合作可被视为与国家系统不同且具有自身内部动力的交流网络"（p.317）。在《科学领域国际合作的发展：重新审视六个专业》（*Growth of International Collaboration in Science: Revisiting Six Specialities*）中，瓦格纳等学者（Wagner et al.，2017）指出，全球合作不只由"大科学"（具有多方预算的项目）驱动。"国际上的许多'小科学'项目都是建立在彼此无关的各方共同利益基础上，独立于组织命令或共享资源，从而在不考虑地理距离的情况下寻求合作理由"（Wagner et al.，2017，p.1634）。"国际合作的惊人增长可能更多是由于个别科学家自身利益所产生的动力，而非其他与结构、机构或政策有关的因素"（p.1616）。

同样，金（King，2011）将全球系统描述为"一个很大程度上私有化管理的网络"（p.359）。这是一个"在很大程度上不受政府控制的"个体化问题，让"大多数研究者摆脱了科学民族主义"（pp.360-361）。在全球范围内，科学受到好奇心和对"声誉与认可"的理想驱动（p.360）。至关重要的是，全球系统像生态系统一样是"新兴的"。"它是在自由的个人交流的基础上不可预测地发展的"（p.372）。它也是其自身的规范系统，也即一个"不断涌现的社会系统"，由"有助于在世界范围内构成和协调科学实践的标准"进行规范（p.362）。这些标准在整个科学领域都是通用的，同时又在文化上具有专门性，并由占主导地位的国家和组织塑造，其中包括"自主性、客观性、可测试性和同行判断"的语言和概念（p.371）。

（二）国家科学

雷迭斯多夫与瓦格纳（Leydesdorff & Wagner，2008，p.32）表示："全球科学网络的发展并不意味着我们目睹了民族国家的灭亡，也不意味着民族国家对科学投入的影响力的下降。"但是，与全球科学不同的是，国家科学网络并非是自我生成的，在某些情况下，国家或机构会推动并资助其发展。亨内曼等学者（Hennemann，2012）指出，"在全国层面有重要的力量在发挥作用"，包括资助机构、大学之间的竞争以及科学领域的劳动力市场。在国家内部，公司影响科学活动和研究组织在"城市群中的集群"（pp.217-218）。国家体系通常由少数组织中的大量研究拨款不成比例地构成，但受到"语言和制度等社会文化特征的影响（如共同伦理、监管框架、法律依据或财务特征等）"（p.223）。还有一部分科学也是国家层面的，没有公开发表且不在全球交流范围之内。这包括对国防和安全事务的大量研究,具体而言,不是基础科学(通常是可广泛获得的),而是应用程序的开发。尽管很难估计,但该领域中的科学比例可能正在增加。但值得一提的是,无论出于何种原因,国家都至关重要。

各国为包容性设定了界限,并嵌入了科学本身之外的动机和目标。国家科学系统在一定程度上过滤了本国科学家在全球科学中的工作,那些在国家和全球系统中具有双重身份的科学家,他们身居国内,受到国家系统的资助、管理和规范化影响。国家政府、规章制度和组织直接影响国家层面的网络发展。国内合作由政策、规范、方向、奖励措施或特定文化决定,这可能在研究领域或技术上、或两者之间,以及国家之间有所不同(Graf & Kalthaus,2018,p.3)。

政策制定者和学术文献都非常关注比较国家绩效。研究调查了国内研究者在全球合作和国内合作中的作用,以及与论文数量和引文相关的绩效。然而,网络分析很难将国家系统与全球系统区分开来。这不仅是因为在没有社会理论或社会学的情况下进行网络分析本身不足以将全球和国家科学解释为关系社会系统,而是因为科学计量数据本身也存在问题。

首先,国家系统的记录不完整。文献计量数据全面涵盖了全球活动,包括全球和国家科学系统中的国家科学联系,但在记录不属于全球系统的国家联系方面,尤其是非英语科学方面的记录不够完整。其次,尽管英语文献中的论文在作者和引文方面或多或少具有全球性,但论文在特定国家中的重要性目前尚不清楚。一旦合作发展起来,国际流动研究者、双重身份和多种国际引用基础都被考虑在内,"在文献计量分析中辨明国家影响变得越来越困难"(Bornmann et al.,2018,p.942;另可参见 Adams,2013,p.2)。尽管就机构、政策、规则和经济学而言,国家科学系统比全球系统更显而易见,但就协作网络上的数据而言,国家科学系统却不太明显。

许多基于网络的研究仅根据国内作者的论文来识别国家系统,从而将世界划分为各个国家系统之间的零和博弈。从逻辑上讲,这消除了全球系统。以零和法则来看,全球系统仅是国家系统这一"部分"的总和。然而,尽管所有科学都被同时纳入国家系统并使其全球化,但跨国界的国际合作仍停留在灰色地带,知识的相关性和累积性也消失了。帕克艾伦(Packalen,2019)的一项调查表明,不论科学家是基于新想法还是成熟想法来比较国家科学系统的绩效,他们都忽略了以下事实:这些所谓的可分离的绩效源于知识的自由流动,在这种情况下,科学家最终无法知道一种状态在哪里结束而另一状态又在哪里开始。是像帕克艾伦的方法所暗示的那样，协作仅是国家属性的功能，还是像瓦格纳等学者所暗示的那样，协作实质上是全球性的？或是两者皆有？若是两者皆有的话——如果承认系统、身份和目标的多重性这一事实，那么国际上对单个国家论文的引用又将如何解释呢？这些论文仅具有国家特征，不是跨国界合作撰写的，但它们被公认为是全球知识的一部分，因此与那些不在全球讨论范围之内的国内论文不同。

可以说，在包括美国、英国、新加坡和瑞士在内的一小部分国家中，科学系统处于全球科学的核心地位（Adams & Gurney，2018）。它们中，大部分国家和国家间的作者合作关系都以与国际合著相同的方式在全球科学对话中得以实现。但是，并非所有的国内（合著）论文都是如此。波曼等学者（Bornmann et al.，2018）研究了科学论文中引文的国家特征。他们发现，尽管英国的论文在其引文上参考了本国作者的论文，但其被引情况与全球合著论文一样，在全球范围内被广泛引用。但是，德国和荷兰的情况并非如此，一些基于国内文献且由国内作者共同撰写的论文不常在全球范围内被引用。"如果一篇论文引用至少一篇德国论文的话，该论文高被引的可能性降低了11％。"（p.937）。这表明了部分有限的国内对话："这项研究为进一步探索国家科学系统的特征提供了方向。"

四、全球和国家增长轨迹

卡斯特尔（Castell，2000）对网络的研究表明，网络可无限扩展直至饱和。全球科学网络以科学家之间的自主联系为基础并在很大程度上自由发展；正如卡斯特尔所描述的那样，全球科学网络或多或少在扩大。全球网络的快速发展增加了跨境合著论文的比例，正如科学计量学反复证实的那样（如网络指标的连续变化；以下文献中可找到相关信息：Wagner & Leydesdorff，2005；Wagner et al.，2015，p.6；Wagner et al.，2017，pp.1637-1640）。这是网络化科学的纯粹实质。但是，国家科学网络则有所不同，它们的长期轨迹不只是遵循卡斯特尔的扩张网络逻辑。国家网络大多数时候都在扩展，特别是随着新的科学系统的兴起，但它们并不总是以与全球网络一样的速度扩展。在成熟的科学系统中，国内作者合作关系可能会完全停止发展。作为网络，国家科学联系受到非网络社会现象（包括地缘政治、国家政策、规章制度、资金和机构安排）的支持和限制——比全球网络受到的影响更大。

新兴国家科学系统由民族国家推动,常出现论文总数快速增加的情况(见图 3.2)。这种早期增长不仅通过科学网络的扩展逻辑得到进一步发展,也取决于政府政策、基础设施、资金和目标等。作为能力建设过程的一部分,所有新兴系统也将加强其国际合作。除非它们在规模上仍相对较小且在很大程度上依赖国际合作,否则它们也将见证国内合著论文的快速增加。后来,随着网络的向外动力,国家系统的合作便不再扩大。随着国家网络密度的增加,国家系统的全国性扩展似乎已触达边界。与全球科学系统相比,国家系统中新节点的基层增长和附加优势的范围不同。同时,各国政府又达到了另一种极限。国家建设中科学加速的持续时间不受社会法则的限制,而是由每个政府决定。但是,一旦建立了成熟的国家体系,其他所有条件都一样的话,则建设国家能力的政策动力就会减弱。此外,协调资助创新能力的政治活动更加困难。在已建立的具有影响力的机构基础与培养新能力之间需要权衡。在一个成熟的系统中,资金倾向于主要集中在现有的科学上,例如集中在顶尖大学中,与创造新的"赢家"相比,这样的做法没那么随意和具备争议性。正如格拉夫与卡尔特郝斯(Graf & Kalthaus, 2018, pp.2, 11)所言,"直接的研发补贴⋯⋯似乎只鼓励与早已成熟的参与者进行合作"。

总之,随着国家科学系统的成熟,国内作者合作关系的发展将趋于平稳,其科学总产出也将更缓慢地增长。只有全球协作才能保持网络的运作,因此网络化活动的量化增长很大程度上位于全球范围内。尽管在现实中时而含混不清(国家科学与全球科学部分重合而又部分分离),但两者在理论上的繁荣/稳定轨迹符合实际国家系统的运作模式,这与前人的发现一致。瓦格纳等学者(Wagner, 2015, p.7)认为:"对于科学上的先进国家而言,国际合著文章数量的增加就是论文总数的增加。"在对科学网 1981~2012 年论文的研究中,亚当斯(Adams)只是稍微夸大了一点:"在过去 30 多年中,美国和西欧国家的国内论文发表(所列作者来自本国)一直处于停滞状态。每个国家论文年发表量的增加是由于国际合作。完全'本土化'的论文百分比正在下降。相比之下,在新兴国家,国内论文正在迅速增加。"(Adams, 2013, p.558)

如表 3.2 和图 3.4 所示,观察比较数据可以发现,国家能力建设中的繁荣/稳定格局也很明显。

表 3.2　全球和 42 个研究国家或地区国际合著论文增量与国内合著论文增量比较：2018 年与 2006 年的对比（2006＝1.00）

国家/地区	所有论文倍增数 2018/2006	国际合著论文 2006	国际合著论文 2018	国际合著论文倍增数 2018/2006	国内合著论文 2006	国内合著论文 2018	国内合著论文倍增数 2018/2006
与国内合著论文相比，较快转向国际合著论文的国家（图 3.4 虚线上方）							
马来西亚	7.28	1 418	11 954	8.43	1 322	10 257	7.76
伊朗	4.87	2 177	13 277	6.10	4 753	25 548	5.38
巴基斯坦	5.64	928	9 810	10.57	1 051	5 363	5.10
埃及	3.92	1 727	10 176	5.89	1 482	5 918	3.99
中国大陆地区	2.87	25 753	126 868	4.93	78 749	280 881	3.57
沙特阿拉伯	8.58	900	16 037	17.82	636	2 102	3.31
南非	2.65	3 218	11 188	3.48	1 693	3 828	2.26
智利	2.65	2 534	8 097	3.20	1 252	2 761	2.21
葡萄牙	2.27	4 467	12 534	2.81	2 874	6 200	2.16
巴西	2.23	8 116	24 610	3.03	16 811	33 783	2.01
爱尔兰	1.82	3 286	8 050	2.45	1 427	2 289	1.60
土耳其	1.82	3 426	9 698	2.83	11 500	18 158	1.58
澳大利亚	1.97	16 709	50 584	3.03	13 404	20 628	1.54
挪威	1.96	4 967	12 687	2.55	2 896	4 051	1.40

续　表

国家/地区	所有论文倍增数 2018/2006	国际合著论文 2006	国际合著论文 2018	国际合著论文倍增数 2018/2006	国内合著论文 2006	国内合著论文 2018	国内合著论文倍增数 2018/2006
与国内合著论文相比,较快转向国际合著论文的国家（图3.4虚线上方）							
捷克	1.96	4 202	10 449	2.49	3 741	5 100	1.36
丹麦	1.95	6 578	16 670	2.53	3 391	4 577	1.35
西班牙	1.62	17 638	42 137	2.39	17 546	22 042	1.26
新加坡	1.85	4 387	13 216	3.01	2 813	3 131	1.11
奥地利	1.69	6 762	15 183	2.25	3 289	3 454	1.05
瑞典	1.58	11 377	24 740	2.17	6 390	6 604	1.03
比利时	1.54	9 825	20 667	2.10	4 718	4 812	1.02
英国	1.39	47 409	99 924	2.11	30 886	29 683	0.96
芬兰	1.43	5 360	11 323	2.11	3 826	3 497	0.91
俄罗斯	2.58	11 708	21 530	1.84	6 569	33 789	5.14
印度	3.49	7 991	26 684	3.34	15 837	59 023	3.73
泰国	2.85	2 512	6 486	2.58	1 812	5 787	3.19
墨西哥	1.81	4 688	9 583	2.04	4 214	8 282	1.97
韩国	1.85	10 493	22 422	2.14	18 224	34 839	1.91

续　表

国家/地区	所有论文倍增数 2018/2006	国际合著论文 2006	国际合著论文 2018	国际合著论文倍增数 2018/2006	国内合著论文 2006	国内合著论文 2018	国内合著论文倍增数 2018/2006
与国内合著论文相比，较快转向国际合著论文的国家（图 3.4 虚线上方）							
阿根廷	1.68	3 080	6 004	1.95	2 311	4 231	1.83
波兰	1.70	7 480	14 950	2.00	8 840	13 689	1.55
意大利	1.59	22 793	50 243	2.20	23 863	30 410	1.27
新西兰	1.67	3 833	8 258	2.15	1 956	2 434	1.24
加拿大	1.42	26 787	51 287	1.91	18 808	22 001	1.17
瑞士	1.61	14 618	29 476	2.02	4 748	5 424	1.14
法国	1.27	34 982	60 916	1.74	24 207	26 865	1.11
德国	1.38	46 596	82 089	1.76	33 488	36 010	1.08
荷兰	1.51	16 280	33 713	2.07	10 499	11 341	1.08
美国	1.22	112 950	215 388	1.91	192 916	201 706	1.05
以色列	1.28	5 886	9 790	1.66	4 426	4 540	1.03
日本	0.95	25 488	36 050	1.41	58 091	52 805	0.91
希腊	1.25	4 675	9 029	1.93	4 625	3 871	0.84
全球	1.62	262 099	575 857	2.20	684 143	1 134 859	1.66

资料来源：2020 年美国国家科学委员会（NSB）数据。

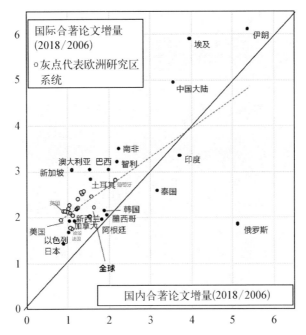

图 3.4　全球和主要研究国家/地区国际合著论文增量与国内合著论文增量比较：2018 年与 2006 年的对比（2006＝1.00）

资料来源：2020 年美国国家科学委员会（NSB）数据（表 S5A - 32）。

注：灰色圆点是 2018 年参与欧洲研究区计划的国家/地区。数据包括美国国家科学委员会从斯高帕斯数据中选出的 42 个主要研究国家/地区。虚线是 42 个案例加上全球的最佳拟合线（2006～2018 年相互合著的增长倍数为 2.2，国合著为 1.7）。与国内合作相比，虚线以上的国家/地区系统在相互合作上表现出相对较高的增长；与国际合作相比，虚线以下的国家/地区在建立国内合作方面表现出相对较高的增长。为便于表述，图表不包括异常值沙特阿拉伯（国际增长倍数为 17.8/国内为 3.3）、巴基斯坦（10.6/5.1）和马来西亚（8.4/7.8）。NZ＝新西兰。全球是指所有科学国家，而不仅仅是这组 42 个领先国家/地区。

国家和全球发展的数据

使用国内和国际合著论文数据可以直接或间接比较两种不同的系统发展轨迹。比较结果证实了卡斯特尔的理论。全球系统和国家系统有着不同的增长方式，因为全球增长更符合网络逻辑。图 3.4 和表 3.2 统计了 41 个处于领先地位的科学国家/地区在 2006～2018 年间每种合著形式的增长。由于覆盖范围的缺失（并非所有国家科学都包括在内）以及国家系统和全球系统之间的重叠（全球系统中的一部分属于国家系统，但国家系统中仅有一小部分属于全球系统），因此，这些数据无法决定性地区别全球和国家科学系统。然而，这些数据说明了一些国家系统显示出国内合作的强劲增长，表明新兴系统中国家能力建设的快速发展；也说明了一些系统表现出国际合著关系的明显发展，这可能会在新兴系统或成熟系统中出现。这些数据还展示了全球合作与国内合作的增长轨迹之间的国家关系。

图 3.4 显示了一些国家在某个方向上的发展速度比其他国家更快。例如，该图把那些利用国际合作作为前进方向的新兴国家与那些致力于国家网络建设的国家区分开来。（在这些数据中，具有多个机构隶属关系的单一作者数据也被记录为合作数据，以上数据的影响因国家而异。）

在世界范围内，2006～2018 年间涉及国际合作的论文数量是原来的 2.2 倍，而国内合作论文数量是原来的 1.66 倍。图 3.4 和表 3.2 表明，在所有 41 个国家/地区中，国际合著论文都在增加，而在除 5 个国家/地区之外的所有国家/地区中，国内合著论文也在增加。图 3.4 中的虚线是 41 个案例加上全球的最佳拟合线。相对于最佳拟合线，"全球"点的位置表明，较之于国内合著论文的增长，图 3.4 中处于领先地位的 41 个国家/地区中国际合著论文的增长高于整个科学领域（的平均水平）。相对于国内合著论文的增加，科学家们在虚线之上的国际合著论文也增加了，超过了全部 41 个国家/地区的国内合作论文的增量。也就是说，相对于国内联系，科学家们以比同行更快的速度增加了国际联系。超过一半的欧洲国家/地区在虚线之上，这表明欧洲研究区（European Research Area）内部的合作日益紧密，该研究区几乎像一个大型国家系统一样运作。

马来西亚科学家的国内合著论文的数量快速增加，是原来的 7.76 倍，紧接着是伊朗（5.38 倍）、俄罗斯（5.14 倍）、巴基斯坦（5.10 倍）、埃及（3.99 倍）、印度（3.73 倍）、中国大陆（3.57 倍）、沙特阿拉伯（3.31 倍）、泰国（3.19 倍）、智利（2.21 倍）、葡萄牙（2.16 倍）和巴西（2.01 倍）。在所有这些新兴系统中，政府都在此期间（2006～2018 年）建设国家科学能力，尽管努力的程度各不相同。数据表明，对一些国家而言，与国际合作相比，国内合作相对而言更加重要。在图 3.4 中虚线以下的三个国家中，即俄罗斯、印度和泰国，国内合著论文的增长速度超过国际合著论文的增长速度。在俄罗斯，国家科学院（the Academy of Sciences）的科学家们促进了国内合作，这些科学家在 2006～2018 年间刚刚入职。在韩国、墨西哥、阿根廷、伊朗和马来西亚等国，国内和国际合著论文数量增长的情况差别不大。所有这 8 个系统赋予国内合作的优先性超过了大多数国家。中国、埃及以及欧洲的葡萄牙(该国科学的兴起比其他多数西欧国家要晚)也参与了声势浩大的国家网络建设,与此同时,这些国家中国际合作的发展比国内合作更快。

在新兴系统中,高水平的国际化几乎是强制性的。在图 3.4 中,所有此类系统,除俄罗斯、墨西哥和阿根廷(它们中的每一个都可能对"新兴"一词的使用产生争议)之外,国际合著论文数量在 2006～2018 年间迅速增加。这一数字是原来的 3 倍及以上。沙特阿拉伯(17.62 倍)、巴基斯坦(10.57 倍)、马来西亚(8.43 倍)、伊朗(6.10 倍)、埃及(5.89 倍)、中国、南非、印度、智利、巴西、澳大利亚和新加坡(NSB,2020,表 S5A-32)。在此期间,该列表中只有最后 2 个是成熟系统。在沙特阿拉伯,以兼职教师身份任教的外国科研领导者促进了沙特大学的国际合作,从而提升了沙特高等教育机构,特别是阿卜杜勒阿齐兹国王大学(King Abdulaziz University)在全球排名中的位置(参见 Gringas,2014)。以上数据还确定了一组新兴国家;在这些国家中,国际合著论文的增量远超国内合著论文,包括:巴西、智利、土耳其、沙特阿拉伯、巴基斯坦和南非。

西欧、北美和日本的成熟科学系统在 2006～2018 年间的国内合著论文的增速相对缓慢。在一些成熟系统中,如希腊、芬兰、日本、英国,国内合著论文的绝对数量在下降,近乎纯粹的网络动力仅继续在全球科学中发挥作用。大多数欧洲科学家的国际合著论文数至少是原来的 2 倍,美国科学家的国内合著论文数是原来的 1.05 倍,而国际合著论文则是原来的 1.91 倍。

在欧洲,可以比较所有的全球、区域和国家影响力。弗兰肯(Frenken,2002)通过将实际网络与潜在的随机分布进行比较,研究了欧洲科学的整合。他发现,在 1993～2000 年,也即在图 3.4 中的数据被统计出来之前,欧洲内部的合作分布更加平均,在合作伙伴选择上的偏好不明显。强有力的大型国家系统显示出最高的整合度以及"对国家内部合作的强烈偏见"(p.358)。欧洲一体化并未以折损国家内部合作为代价(p.358)。英国、德国和法国最有可能在该地区建立新的联系,"它们展示了最高程度的一体化……大国受益于触发欧洲合作的规模效应"(pp.354-355)。原因之一是与小型系统相比,它们的语言得到了更广泛的使用(p.356)。弗兰肯等学者(Frenken et al.,2009)验证了早期的研究结果并发现在所有其他条件相同的情况下,较大国家系统中的科学家也是最倾向于进行国际合作的科学家(p.224)。"国家的规模与其整合水平之间的强相关性"(p.354)在美国也是显而易见的;美国的国家科学在与其他国家科学融合的程度以及国家内部合作网络的稳健性和范围上都表现卓越。这些结果"表明了国家科学系统的持久性"（Frenken，2002，p.345），并证明国家系统既可以在内部健全，也可以在外部参与。

在图 3.4 中的成熟系统中，新加坡和澳大利亚的优先事项明显向国际网络转移。在澳大利亚，上述数字分别为 1.54 倍和 3.03 倍（NSB，2020，表 S5A－32）。全球/地区区别在新加坡并不重要：其两所全球化大学之间的国内合作在全球科学领域处于有利地位。在日本、法国、德国和以色列，国际网络的扩展较为温和；其中，2006～2018 年，日本的国际网络是原来的 1.41 倍，这是图 3.4 中所有国家/地区中的最低值。

这些解释与文献中的其他发现一致。麦森欧贝等学者（Maisonobe et al.，2016）研究了 2000～2007 年间城市内部和城市之间的合作模式，强调了近年来科学领域快速发展的国家/地区中国内合作的增长，包括中国、印度、伊朗、土耳其、希腊、捷克和巴西等。他们还发现了英语国家中国际合作的显著增长（p.1029）。尽管在国家/地区能力建设系统中，希腊等国家/地区网络在 2007 年后的发展速度较慢，但这些研究结果总体上与表 3.2 和图 3.4 的内容一致。着眼于欧洲的克里克（Kwiek，2020，p.9）指出，在 2009～2020 年间，涉及国际合作的论文在世界范围内的比例上升了 5.9%，而国内合作论文所占比例上升了 4.7%。在欧盟 28 国中，国际合作比例上升了 10.6%，而国内合作比例下降了 0.5%——尽管在大多数欧盟国家中，这些论文的绝对数量在上升（如图 3.4 所示）。克里克还指出，较新加入欧盟的 13 国，其科学系统的兴起大都晚于最初的欧盟 15 国，与其他许多新兴系统一样，这些国家的国内合作所占比例上升了 2.0%。

国家政策通过其正面和负面影响清晰呈现合作网络的变化。例如，不连续的国家资金资助和协调（如在印度和波兰），或在成熟的系统中由于科学的全球扩张而中止或减少的资金支持，如在日本，不仅可能会限制科学领域的国家建设能够实现的目标，还会限制科学家开展全球合作的资源。这种限制在国家范围内比在全球范围内更具决定性，因为产出大量高被引科学论文的顶尖研究者通常在一定程度上独立于其国家系统开展工作。

在许多科学计量学文献中，国际合作的比例被视为与绩效相关。事实并非如此简单。上述做法带来了不同的判断。格拉夫与卡尔特郝斯（Graf & Kalthaus，2018）发现学位聚集程度的提高意味着在关键国家中网络化活动的聚集。他们还发现,随着时间的推移,所有论文产出较高的国家都加入了其在全球范围内定义的中央集团,包括新兴的中国、韩国等(p.7)。但是,他们还指出,与亚洲国家相比,欧洲国家与其他先进系统的联系更加紧密,而亚洲国家对国内合作的关注更多。尽管和韩国等的科学家"在地区内/国内建立了良好的联系,但在国际上却没有建立起如此紧密的联系"——这与欧洲国家/地区或是处于欧洲文化圈边缘的国家/地区不同,尽管韩国等与这些国家/地区的规模和能力相似。"总的来说,亚洲国家/地区在过去一段时间内的内部互动程度似乎要高于欧洲国家。"(p.7)在此基础上,格拉夫与卡尔特郝斯认为,尽管论文数量增长迅猛,但亚洲系统"并未充分发掘其知识获取的潜力"(p.12)。

然而,如上所述,欧洲的高合作比例部分取决于欧洲的资金投入,如果出于比较目的将欧洲视为一个国家的话,其与世界各国/地区合作比例与北美和亚洲的水平趋同。此外,正如金其拉·科尔德罗等学者(Chinchilla-Rodriguez et al., 2019)所言,在科学领域影响力不断增强的新兴国家中,没有一种单一的模式。在亚洲,中国、韩国、伊朗及印度等其他一些大型系统,国内合作的比例高于国际合作。阿塞拜疆、秘鲁和巴拿马等较小的国家"几乎完全依靠国际合作获得科研产出,国内合作程度和独创性较低"(p.5)。国际合作比例较低的一些国家,包括中国、伊朗和巴西,既表现出强大的国内合作能力,又表现出区域领导力(p.6)。国家科学不一定意味着低被引率。亚当斯(Adams,2013)发现,中国前10％国内论文的被引用率是世界平均水平的两倍(p.558)。

正如所有国家系统一样,新兴科学国家必须增强实力,以实现国家政策目标,并使国内科学家有效参与到全球网络之中。但是,新兴国家在国内合作与国际合作之间的关系上差异很大。国际合作在自主可持续性和增强国家能力方面的程度也各不相同。小国别无选择,只能高度依赖国际化;较大的国家则可自行调整对在所有研究领域中建立稳固的国内合作的关注度。

五、结语

总而言之,连接和组合各不相同的全球和国家科学系统的是什么? 首先,它们为彼此提供了积极的条件。科学领域的国际合作取决于各国有序的基础设施,与此同时,国际合作的成果也会促进国家科学发展(Georghiou,1998)。这些是文献中讨论最多的观点。其次，劳动分工是存在的。国家和地方各级有组织地推动科学发展，为科学提供稳定的法律、制度和财务框架以及社会圈子，并将其与政策、行业和社区的规章制度联系起来；全球舞台可激励合作，在价值系统内调整活动，分配科学的地位并组织许多重要的对话。马金森（Marginson，2018）讨论了中国的案例，展示了如何通过将政策集中化和强大的国家系统发展与参与全球科学相结合来实现全球与国家系统的共生。研究者将国家科学与不断扩大的全球循环联系起来。该循环在1990年之后迅速发展，从而帮助推动了国家科学基础设施的发展。之所以能够实现这种结合，是因为中央政府为基层倡议和开放的全球联系提供了空间，而与此同时，全球系统（尤其是在美国）则从另一端建立了与中国科学的开放联系。

　　科学始终是全球性的和国家性的。即便全球系统的地位胜过民族尊严，但在强大研究国家中的科学家社区，无论在观念上有多么遵循国际主义，仍深受民族文化团结理念的影响；科学家们在开展国际对话时也秉持这一理念。例如，中、美两国在科学领域有着紧密合作（Lee & Huapt，2019）。中、美两国的研究者在2018年合作发表了55 382篇科学论文，这是世界科学领域最频繁的国际合作。然而，每个国家都展现出毫无疑问的民族认同和网络支配权。全球科学系统和国家科学系统是由多种多样的人员和机构共同组成的。在全球和本土领域扮演重要角色的顶尖科学家在本国内也有着重要影响。

　　虽然瓦格纳等（Wagner，2015，p.11）认为全球和国家网络相互影响，但是否存在"国际和国内研究之间渐增的鸿沟"或"智力上的分离"（Adams，2013，p.559），或国际合作的目标已经与国家科学"脱节"（Wagner et al.，2015，p.5）仍存在争议。关键在于，无论其规模如何，全球网络化科学都超出了民族国家的控制范围或是其"视线"（gaze）（King，2011，p.359）。随着全球关联活动的增加，曾停滞不前的科学领域已得到发展；科学虽受政府影响，但却不受政府完全控制。国家的影响虽未减弱，但全球社会的潜力正在扩大。

　　政府从未真正控制科学，而全球化又扩大了科学自主界定的范围。以上情况在多大程度上将会发生是另一个问题。全球科学与国家科学之间的关系是零和还是正和的程度视情况而定，同时随地缘政治的时空而变化，并无运动规律可言。这样不断积累下来的结果取决于各国政府不同机构与网络化的科学家之间持续的互动关系。

参考文献

Adams，J. (2013). The fourth age of research. *Nature*，497：557 - 560.

Adams，J.，& Gurney，K. (2018). Bilateral and multilateral coauthorship and citation impact：Patterns in UK and US international collaboration. *Frontiers in Research Metrics and Analytics*，3 (12). Retrieved June 23，2020 from https：//doi.org/10.3389/frma.2018.00012.

Anderson，B. (1983). *Imagined Communities* (2nd ed.). London：Verso.

Bayly，C. (2004). *The Birth of the Modern World 1780 - 1914: Global Connections and Comparisons*. Oxford：Blackwell.

Berlin，I. (1969). Two concepts of liberty. In Berlin，I. *Four Essays on Liberty*，118 - 172. London：Oxford University Press.

Bornmann，L.，Adams，J.，& Leydesdorff，L. (2018). The negative effects of citing with a national orientation in terms of recognition：National and international citations in natural-sciences papers from Germany，the Netherlands，and the UK. *Journal of informetrics*，12：931 - 949.

Bourdieu，P. (1993). *The Field of Cultural Production*. New York：Columbia University Press.

Cantwell，B.，Marginson，S.，& Smolentseva，A. (eds.) (2018). *High Participation Systems of Higher Education*. Oxford：Oxford University Press.

Castells，M. (2000). *Rise of the Network Society* (2nd ed.). Oxford：Blackwell.

Castells，M. (2001). *The Internet Galaxy*. Oxford：Oxford University Press.

Chinchilla-Rodriguez，Z.，Miguel，S.，Perianes-Rodriguez，A.，& Sugimoto，C. (2018). Dependencies and autonomy in research performance：examining nonoscience and nonotechnology in emerging countries. *Scientometrics*，115：1485 - 1504.

Chinchilla-Rodriguez，Z.，Sugimoto，C.，& Lariviere，V. (2019). Follow the leader：On the relationship between leadership and scholarly impact in international collaborations. *PLOS ONE*，14 (6)：e0218309. Retrieved June 23，2020 from https：//doi.org/10.1371/journal.pone.0218309.

Choi，S. (2012). Core-periphery，new clusters or rising stars?：International scientific collaboration among "advanced" countries in the era of globalisation. *Scientometrics*，90：25 - 41.

Conrad，S. (2016). *What is Global History?* Princeton：Princeton University Press.

Etzkowitz，H.，& Leydesdorff，L. (2000). The dynamics of innovation：from National System and "Mode 2" to a Triple Helix of university-industry-government relations. Research Policy，29，pp.109 - 123.

Fligstein, N., & McAdam, D. (2012). A Theory of Fields. Oxford: Oxford University Press.

Frenken, K. (2002). A new indicator of European integration and an application to collaboration in scientific research. Economic Systems Research, 14 (4), pp.345 – 361.

Frenken, K., Hardeman, S., & Hoekman, J. (2009). Spatial scientometrics: Towards a cumulative research program. *Journal of Informetrics*, 3: 222 – 232.

Georgiou, L. (1998). Global cooperation in research. *Research Policy*, 27: 611 – 626.

Graf, H., & Kalthaus, M. (2018). International research networks: Determinants of country embeddedness. *Research Policy*. Retrieved June 23, 2020 from https://doi.org/10.1016/j.respol.2018.04.001.

Gringas, Y. (2014, July 18). How to boost your university up the rankings. *University World News*. Retrieved June 23, 2020 from https://www.universityworldnews.com/post.php?story=20140715142345754.

Grosetti, M., Eckert, D., Gringas, Y., Jegou, L., Lariviere, V., & Milard, B. (2013). Cities and the geographical deconcentration of scientific activity: A multilevel analysis of publications (1987 – 2007). *Urban Studies*, 51(1): 2219 – 2234.

Heilbron, J. (2013). The social sciences as an emerging global field. *Current Sociology*, 62(5): 685 – 703.

Held, D. (2003). *Global Covenant: The Social Democratic Alternative to the Washington Consensus*. Cambridge: Polity.

Held, D., McLew, A., Goldblatt, D., & Perraton, J. (1999). *Global Transformations: Politics, Economics and Culture*. Stanford: Stanford University Press.

Hennemann, S., Rybski, D., & Liefner, I. (2012). The myth of global science cooperation-Collaboration patterns in epistemic communities. *Journal of Informetrics*, 6: 217 – 225.

Kato, M., & Ando, A. (2017). National ties of international scientific collaboration and researcher mobility found in Nature and Science. *Scientometrics*, 110: 673 – 694.

King, R. (2011). Power and networks in worldwide knowledge coordination: The case of global science. *Higher Education Policy*, 24: 359 – 376.

Kwiek, M. (2020). What large-scale publication and citation data tell us about international research collaboration in Europe: changing national patterns in global contexts. *Studies in Higher Education*. Retrieved June 23, 2020 from https://doi.org/10.1080/03075079.2020.1749254.

Lee, J., & Haupt, J. (2019). Winners and losers in US-China scientific research collaborations. *Higher Education*. Retrieved June 23, 2020 from https://doi.org/10.1007/s10734 – 019 – 00464 – 7.

Leydesdorff, L. (2007). Scientific communication and cognitive codification: Social systems theory and the sociology of scientific knowledge. *European Journal of Social Theory*, 10(3): 375 – 388.

Leydesdorff, L., & Wagner, C. (2008). International collaboration in science and the formation of a core group. *Journal of Informetrics*, 2: 317 - 325.

Luhmann, N. (1996). On the scientific context of the concept of communication. *Social Science Information*, 35(2): 257 - 267.

Luhmann, N. (2012). *Theory of Society*, *Vol. 1*. Translated by Rhodes Barrett. Stanford: Stanford University Press.

Maisonobe, M., Eckert, D., Grossetti, M., Jegou, L., & Milard, B. (2016). The world network of scientific collaborations between cities: domestic or international dynamics? *Journal of Informetrics*, 10: 1025 - 1036.

Melin, G. (2000). Pragmatism and self-organization: Research collaboration on the individual level. *Research Policy*, 29: 31 - 40.

Marginson, S. (2010). Space, mobility and synchrony in the knowledge economy. In Marginson, S., Murphy, P., & Peters, M. (eds.) *Global Creation: Space, Mobility and Synchrony in the Age of the Knowledge Economy*, 117 - 149. New York: Peter Lang.

Marginson, S. (2018). National/global synergy in the development of higher education and science in China since 1978. *Frontiers of Education in China*, 13(4): 486 - 512.

National Science Board. (2020). *Science and Engineering Indicators 2020*. Retrieved June 23, 2020 from https://ncses.nsf.gov/pubs/nsb20201.

Olechnicka, A., Ploszaj, A., & Celinska-Janowicz, D. (2019). *The Geography of Scientific Collaboration*. Oxford: Routledge.

Organization for Economic Cooperation and Development. (2020). *Science and Technology Indicators*. Retrieved June 23, 2020 from https://stats.oecd.org/Index.aspx?DataSetCode=MSTI_PUB.

Packalen, M. (2019). Edge factors: scientific frontier positions of nations. *Scientometrics*, 118: 787 - 808.

Powell, J., Fernandez, F., Crist, J., Dusdal, J., Zhang, L., & Baker, D. (2017). Introduction: The worldwide triumph of the research university and globalizing science. In Powell, J., Baker, D., & Fernandez, F. (eds.), *The Century of Science: The Global Triumph of the Research University*, 1 - 36. Bingley: Emerald Publishing.

Ryan, J. (2014). The work motivation of research scientists and its effect on research performance. *R&D Management*, 44(4): 355 - 369.

Schott, T. (1998). Ties between center and periphery in the scientific world-system: Accumulation of rewards, dominance and self-reliance in the center. *Journal of World-Systems Research*, 4: 112 - 144.

Sen, A. (1985). Well-being, agency and freedom: The Dewey Lectures 1984. *The Journal of Philosophy*, 82: 169 - 221.

Wagner, C., & Leydesdorff, L. (2005). Network structure, self-organisation, and the growth of international collaboration in science. *Research Policy*，34：1608 – 1618.

Wagner，C.，Park H.，& Leydesdorff，L.（2015）. The continuing growth of global cooperation networks in research：A conundrum for national governments. *PLoS ONE*，10(7)：e0131816. Retrieved June 23，2020 from https：//doi. org/10. 1371/journal. pone. 0131816.

Wagner，C.，Whetsell，T.，& Leydesdorff，L.（2017）. Growth of international collaboration in science：Revisiting six specialties. *Scientometrics*，111：1633 – 1652.

World Bank（2020）. *Data and Statistics*. Retrieved June 23，2020 from https：//data. worldbank. org/indicator.

Wuestman，M.，Hoekman，J.，& Fenken，K.（2019）. The geography of scientific citations. *Research Policy*. Retrieved June 23，2020 from https：//doi. org/10. 1016/j. respol. 2019. 04. 004.

（田 琳、王琪 译校）

第四章

排名能促进学术成就吗？
重新定义世界一流大学[①]

贾米尔·萨尔米(Jamil Salmi)

智利迭戈波塔利斯大学(Diego Portales)、

美国波士顿学院(Boston College)

一、引言

在过去，政府在培育精英研究型大学的过程中并不是一个关键因素。相反，英国牛津大学(University of Oxford)和剑桥大学(University of Cambridge)是在数百年间自行发展起来的，虽然获得了不同程度的公共资助，但在学校治理、使命界定和战略发展上都有相当的自主权。同样，美国常春藤大学的历史也表明，这些精英院校的发展总体上是循序渐进而不是政府刻意干预的结果。

然而，近二十年前国际排名的出现，即 2003 年由上海交通大学率先推出的"世界大学学术排名"(Academic Ranking of World Universities，又称"上海排名")，以及随后出现的全球竞争性排行榜[如"泰晤士世界大学排名"(THE World University Rankings)、"世界大学科研论文质量排名""QS 世界大学排名"(QS World University Rankings)等]，以不可逆转的方式改变了大学的格局。如今，创建世界一流大学已经成为许多国家政治议程的一部分，这些世界一流大学也成为国家的骄傲。越来越多的国家政府以各种形式推出卓越计划，包括注入大

---

① 本章基于作者《大学排名的研究手册：历史、方法论、影响与作用》一书的章节。(Hazelkorn, E. ed. [2021]. *Research Handbook on University Rankings: History, Methodology, Influence and Impact.* Cheltenham: Edward Elgar Publishers)

量的额外资金以促进其大学的发展。这反映出人们认识到，如果没有有利的政策环境、直接的公共举措和大量的财政支持，世界一流大学就不可能迅速崛起。

在一个日益全球化、竞争日益激烈的世界里，各国政府都希望确保其顶尖大学真正处于知识和科学发展的前沿。因此，各国制定了越来越多的重点建设计划，促进本国顶尖大学取得实质性加速发展。虽然少数国家选择了从零开始建立新的大学，但也有许多国家采取了合并和提升现有院校相结合的战略。

过去 20 年，大学的发展取得了很大进展。之前没有一所院校跻身于顶尖院校之列的国家出现在了全球榜单上，从无到有的新大学一跃而起，以自己过去的历史沾沾自喜的老牌大学也再次跃居排名榜单前列。可以看到，全球大学排名对提升学术研究水平确实起到了积极作用。

但是，这是否是朝着正确的方向发展呢？在应对人类重大挑战，如饥饿、贫困、疾病和环境恶化等方面缺乏进展的情况下，我们如何推进研究发展？排名靠前的大学是变得更加包容还是更加精英化？社会是否利用世界一流大学产生的大量知识，在科学证据和理性政治辩论的基础上做出选择？世界一流大学是否为建设道德和民主社会作出了贡献？

在此背景下，本章主要评析由国际排名驱动、相对有限的学术卓越定义如何影响了现有世界一流大学和立志成为一流的大学的相关行为与表现。本章第一部分分析了国际排名如何影响国家或院校的政策制定，第二部分则评析了观察到的主要结果，第三部分也是最后一部分探讨了排名在促进学术卓越方面所缺失的重要因素，如公平、真理、道德、社会承诺和可持续性等。

二、排名对政策和行为的影响

有一点是肯定的，排名不会让机构和利益相关者无动于衷。如果说学生对排名的公布充满期待，那么大学管理者则往往对排名望而生畏。国际排名会让人感到自豪和愤怒；媒体和政党急于将其作为评论政府的工具。(Salmi & Saroyan，2007，p.40)

(一) 国家层面

当弗拉基米尔·普京(Vladimir Putin)在 2012 年再次当选俄罗斯总统时，

他的首个宣言内容之一就是呼吁将俄罗斯的大学发展成为世界一流的机构，具体目标是让 5 所俄罗斯大学进入国际排名前 100 名——因此被称为"俄罗斯学术卓越计划项目 5—100"（Project 5—100，简称"5—100 计划"）。2015 年 11 月，印度总统在对该国各大学校长的正式讲话中指出，"没有一所世界一流的大学，印度就无法成为一个世界强国"。随后在 2017 年启动了"卓越大学计划"（the Institutes of Eminence Programme）。2019 年 5 月，波兰副总理表示："排名……在公共领域有其重要性。排名包含描述不同实体或国家的指标，可以用于对标分析，以了解我们的国家或院校与其他国家或院校相比的得分高低。"这是导致波兰决定通过其"卓越计划—研究型大学"（Excellence Initiative-Research University）计划重点投入建设世界一流大学的因素之一。

　　这类公开声明和倡议是过去 20 年全球排名对许多国家特别是对东亚和欧洲国家的政治舞台产生影响而显现出的特点。虽然 20 世纪 90 年代的第一批重点投入计划更多的是内生性的，反映了国家对提高大学在经济发展中所作贡献的长期政策关注，特别是在北欧国家和中国。但最近的浪潮似乎主要是由外部因素引起的，这与对本国大学（相较于国外大学在排名榜单上的出色表现而显现出）的竞争劣势的看法有关（Salmi，2016）。

　　除了刺激对大学的公共投入外，排名还引发了全国对大学表现和贡献的讨论。例如，"世界大学学术排名"首次发布时，没有一所法国大学上榜，这引起了该国人们的愤慨和惊愕。法国著名教育经济学家弗朗西斯·奥利维尔（Orivel，2004）写了一篇非常明晰的文章，分析了法国大学没有国际竞争力的原因，指出其中的一个主要因素是法国大学录取学生时不可选拔学术水平最高的高中毕业生。法国高等教育体系的一个独特之处在于双重结构，即把顶尖的大学校（Grandes Écoles）和大学分开，前者通过竞争非常激烈的全国性考试招收最优秀的学生，而后者则是所有中学毕业生都可以自动进入。由于大学校主要是精英专业院校，很少进行研究，因此研究型大学的博士生大多不是来自学术水平最高的学生群体，不像英国、日本或美国的顶尖大学那样。

　　另一个重要因素是法国存在一个庞大的独立公共研究机构网络（如 CNRS、INSERM、INRA、CEA、CNES 等），这些机构虽然隶属于大学，但直到几年前，它们更多的是作为大学的竞争对手而不是合作者来运行的。由此造成的研究能力和资源的分散，削弱了法国大学建立科学卓越中心的能力，这些中心本可以有足够数量的研究人员在相似或互补的科学领域工作(Le Prestre et al，2018)。

同样，在日本，排名促使人们对各院校的表现进行回顾性分析，并制定前瞻性计划，确定目标，以支持雄心勃勃的国家目标和院校愿景。这使得政府启动并实施了重要改革，以期改进质量(Yonezawa，et al，2002)。

若政策过于狭隘地关注排名，也许会对其结果不太有利。例如，在巴西，政府于 2011 年启动"科学无国界"计划(Science without Borders)，旨在向世界上最好的大学输送数以千计的学生。该计划最初认定，巴西学生要获得奖学金，其深造学校必须为全球排名前 100 名，这就忽略了一些拥有世界上最好利基专业的大学并非百强大学的事实。在文莱、智利、哥伦比亚、哈萨克斯坦、蒙古、卡塔尔、沙特阿拉伯和新加坡等国家，提供海外留学奖学金的机构都将资格限制为学生被高排名大学录取。同样，为发展中国家学生提供奖学金的捐助机构和基金会也越来越看重排名结果，并以此确定符合条件的院校名单。

全球排名还影响了各国关于大学合作关系和移民签证的决定。例如，2011 年，印度大学资助委员会宣布，印度大学将停止与排名 500 名以外的外国大学签订合作协议(Downing & Ganotice Fraide，2016)。越来越多的政府甚至将全球排名的结果，与为顶尖大学的外国留学生发放快速签证联系在一起。例如，英国财政部根据《金融时报》(*Financial Times*)的排名来考虑外国毕业生攻读 MBA 课程的资格。同样，丹麦、荷兰、北马其顿和俄罗斯也在将国际排名纳入有关学位认可和签证资格的决定中。

(二) 院校层面

在院校层面，国际排名的影响力可能更大。一个主要的积极发展趋势是，院校在战略规划和提高质量方面越来越多地依赖排名。

2014 年，欧洲大学协会(the European Universities Association)发布《机构战略和流程中的排名》(*Ranking in Institutional Strategies and Processes*)的报告，指出："参与调查的人中有三分之二的人表示：在他们进行战略、组织、管理和学术行动和决策时，排名结果对他们产生了影响。"(Downing & Ganotice Fraide，2016，pp.241 - 242)

一段时间内，无论是在国家范围内，还是在世界范围内，大学都可以参照详细的排名数据来指导他们的战略思考和规划。大学可以通过这种方式来发现弱点和强项，并制定相应的措施来纠正。这是一项有益的举措，促使大学不为自己的排名本身而苦恼，或为自己设定一个具体的排名位置来超越或实现，而是专注于具体的指标，这样就可以更好地了解其排名的决定因素，并努力提高教学、学习和研究的质量。

大学在追求排名快速上升的过程中，有时会走一些捷径，但这并不一定是以实质的方式促进大学的发展。有的大学与其他院校的学者联络，花钱请他们建立与其院校的隶属关系，或者鼓励他们通过"QS 世界大学排名"和"泰晤士高等教育世界大学排名"等一些全球排名进行的声誉调查提供积极反馈。许多澳大利亚大学雇佣了"排名顾问"来为他们指导如何获得更好的名次（MacGregor，2013）。值得注意的是，俄罗斯科学院在 2019 年下令撤回至少 869 篇抄袭的俄罗斯科学文章（Dixon，2020）。观察人士指责沙特大学通过以兼职的方式聘用高被引学者。这些受聘学者同意以沙特大学的名义发表论文，人为地夸大了其科研产出（Bhattacharjee，2011）。另一个令人担忧的做法是，大学越来越依赖排名来决定与新大学的合作机会。最后，一些大学与商业排名机构合作，希望提高自己在各排名中的地位。

三、世界一流大学在"世界大学学术排名"中的表现

分析"世界大学学术排名"的结果，可能是评估过去 20 年世界一流研究密集型大学表现的最佳方式，原因有二：首先，"世界大学学术排名"是一个稳定的排名，由于其排名方法没有任何改变，因此它提供了一组持续时间最长的数据（2004～2019）。其次，"世界大学学术排名"与"莱顿排名"（Leiden ranking）有一个共同的特点，那就是只用公开的、客观透明的指标进行计算，这使得其结果有可能被复制和验证，而不像其他排名那样对主观声誉调查的结果给予很大的权重。

第一组数据（表 4.1）显示的是根据该国/地区排名最高的大学在世界前 100 所大学中的位置而得出的国家/地区排名。在这个层面上，可以看到过去 16 年来几乎没有什么显著差异。早在 2004 年，有 17 个国家/地区至少有一所大学进入前 100 名；2019 年的排名包括 18 个国家/地区。排名前列的日本和瑞士互换位置（第 3 名和第 5 名），荷兰下降了 6 个位置（从第 6 名到第 12 名）。2004 年未进入前 100 名、现在已经进入的有 3 个国家/地区：中国大陆地区（第 10 位）、比

利时(第 15 位)和新加坡(第 16 位)。相反,有 2 个国家掉了下来,即奥地利和意大利。唯有丹麦(上升 20 位)、澳大利亚(上升 9 位)和瑞士(上升 8 位)有显著的上升。在底部,中国大陆地区的跃升性最强,从 201—300 位上升到 101—150 位。2004 年没有出现的 3 个国家/地区则进入了前 200 名,即中国香港、爱尔兰和中国台湾。3 个国家的排名明显下降:奥地利、以色列和意大利。然而,由于该表只反映了每个国家/地区排名最高的大学的情况,因此很难推断这些情况变化与各国是否实施了重点建设计划之间的因果关系,也许北京大学和哥本哈根大学除外,这两所大学的排名都有明显的上升。

表 4.1　基于"世界大学学术排名"前 200 名结果的
国家/地区排名(2004 年和 2019 年)

2004			2019		
国家/地区排名	国家/地区	国家/地区在"世界大学学术排名"中排名最高的大学位次情况	国家/地区排名	国家/地区	国家/地区在"世界大学学术排名"中排名最高的大学位次情况
1	美国	1	1	美国	1
2	英国	3	2	英国	3
3	日本	14	3	瑞士	19
4	加拿大	24	4	加拿大	24
5	瑞士	27	5	日本	25
6	荷兰	39	6	丹麦	26
7	法国	41	7	法国	37
8	德国	45	8	瑞典	38
9	瑞典	46	9	澳大利亚	41
10	澳大利亚	53	10	中国	43
11	丹麦	59	11	德国	47
12	俄罗斯	66	12	荷兰	49

续　表

2004			2019		
国家/地区排名	国家/地区	国家/地区在"世界大学学术排名"中排名最高的大学位次情况	国家/地区排名	国家/地区	国家/地区在"世界大学学术排名"中排名最高的大学位次情况
13	挪威	68	13	挪威	59
14	芬兰	72	14	芬兰	63
15	奥地利	86	15	比利时	66
16	以色列	90	16	*新加坡*	67
17	意大利	93	17	*以色列*	85
			18	*俄罗斯*	87

资料来源:"世界大学学术排名"(http://www.shanghairanking.com/)。

注:斜体标识的国家为实施重点建设项目的国家。

　　探析世界一流大学集中指数多年来的变化,可以更准确地了解各国/地区大学上升和下降的情况。图 4.1 和图 4.2 计算了世界一流大学的集中指数,即每个国家相对于其人口而言跻身全球前 100 名的大学数量(使用人口的对数值)。

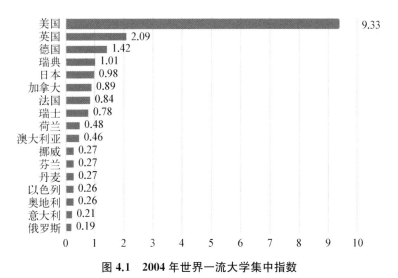

图 4.1　2004 年世界一流大学集中指数

资料来源:"世界大学学术排名"(http://www.shanghairanking.com/)、世界人口数据。

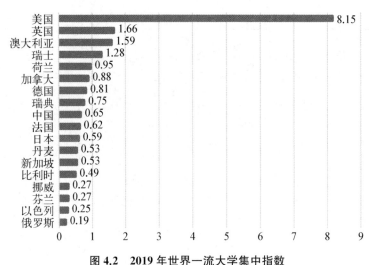

图 4.2　2019 年世界一流大学集中指数

资料来源："世界大学学术排名"(http://www.shanghairanking.com/)、世界人口数据。

　　表 4.2 总结了图 4.1 与图 4.2 数字之间的比较结果,最显著的变化是小国取得的进步。2004 年 7 个领先国家中有 5 个是大国(美国、英国、日本、德国和法国),而到了 2019 年,情况发生了很大的变化,前六名中有 4 个人口小国(澳大利亚、瑞士、荷兰和加拿大)。尽管经过两轮的重点建设计划,德国从第 3 位下降到第 7 位,法国从第 7 位下降到第 10 位。相比之下,澳大利亚从第 10 名攀升至第 3 名,令人刮目相看。美国和英国共减少了 8 所大学。日本从第 5 名下降到第 11 名。

表 4.2　根据图 4.1(2004 年)和图 4.2(2019 年)结果的比较

2004			2019		
国　　家	跻身前 100 名的大学数量	国家排名	国　　家	跻身前 100 名的大学数量	国家排名
美国	51	1	美国	45	1
英国	10	2	英国	8	2
德国	7	3	澳大利亚	7	3
瑞典	4	4	瑞士	5	4
日本	5	5	荷兰	4	5

续　表

2004			2019		
国　家	跻身前 100 名的大学数量	国家排名	国　家	跻身前 100 名的大学数量	国家排名
加拿大	4	6	加拿大	4	6
法国	4	7	德国	4	7
瑞士	3	8	瑞典	3	8
荷兰	2	9	中国	4	9
澳大利亚	2	10	法国	3	10
挪威	1	11	日本	3	11
芬兰	1	12	丹麦	2	12
丹麦	1	13	新加坡	2	12
以色列	1	14	比利时	2	14
奥地利	1	15	芬兰	1	15
意大利	1	16	挪威	1	15
俄罗斯	1	17	以色列	1	17
—	—	—	俄罗斯	1	18

资料来源:"世界大学学术排名"(http://www.shanghairanking.com/)。
注：斜体标识的国家为实施重点建设项目的国家。

　　最后,研究一下 16 年间哪些大学的排名进步最大,哪些大学的排名退步最大,这是很有启发意义的①。虽然世界排名前 20 位的大学几乎没有任何变化,但表 4.3 显示,跳跃性最高的是 4 所中国顶尖大学、新加坡南洋理工学院和几所澳大利亚大学。此外,2 所瑞士大学、2 所丹麦大学、2 所美国院校、2 所比利时大学以及以色列和荷兰各 1 所大学也取得了实质性的进步。

---

① 在这个分析中,只包括上升或下降超过 20 位的大学。对于"世界大学学术排名"列在一个排名范围而非具体名次的大学,则以中间值为准。例如,如果一所大学出现在 101—150 名之间,则被评估为排名第 125 名。

表 4.3　自 2004 年以来排名上升位数最多的大学

大 学 名 称	国家/地区	排名上升位数
上海交通大学	中国	368
浙江大学	中国	280
南洋理工大学（Nanyang Technological University）	新加坡	277
清华大学	中国	207
北京大学	中国	197
莫纳什大学（Monash University）	澳大利亚	177
以色列理工学院（Technion Institute of Technology）	以色列	165
鹿特丹伊拉斯姆斯大学（Erasmus University Rotterdam）	荷兰	107
得克萨斯大学安德森癌症研究中心（University of Texas M. D. Anderson Cancer Ctr.）	美国	107
洛桑联邦理工学院（Swiss Federal Institute of Technology Lanne）	瑞士	97
新南威尔士大学（University of New South Wales）	澳大利亚	81
西澳大利亚大学（University of Western Australia）	澳大利亚	76
昆士兰大学（University of Queensland）	澳大利亚	71
日内瓦大学（University of Geneva）	瑞士	67
奥尔胡斯大学（Aarhus University）	丹麦	65
格罗宁根大学（University of Groningen）	荷兰	60
根特大学（Ghent University）	比利时	59
新加坡国立大学（National University of Singapore）	新加坡	58
曼彻斯特大学（University of Manchester）	英国	45
悉尼大学（University of Sydney）	澳大利亚	45
墨尔本大学（University of Melbourne）	澳大利亚	41

续　表

大　学　名　称	国家/地区	排名上升位数
鲁汶大学(KU Leuven)	比利时	40
哥本哈根大学(University of Copenhagen)	丹麦	33
波恩大学(University of Bonn)	德国	29
伦敦国王学院(King's College London)	英国	26
斯德哥尔摩大学(Stockholm University)	瑞典	24
北卡罗来纳大学教堂山分校(University of North Carolina at Chapel Hill)	美国	23

资料来源："世界大学学术排名"(http://www.shanghairanking.com/)。

　　如表 4.4 所示，排名大幅度下跌的大学绝大多数来自美国，还有澳大利亚、加拿大和俄罗斯各 1 所大学。这绝不意味着这些大学不再是一流的学术机构，只是它们的学术产出增长速度低于前 100 名中的其他大学。

表 4.4　2004 年以来排名跌幅最大的大学

大　　　学	国　　家	排名下跌位数
莱斯大学(Rice University)	美国	－20
莫斯科国立大学(Moscow State University)	俄罗斯	－21
澳大利亚国立大学(The Australian National University)	澳大利亚	－23
加州大学欧文分校(University of California, Irvine)	美国	－25
俄亥俄州立大学哥伦布分校(The Ohio State University-Columbus)	美国	－27
佛罗里达大学(University of Florida)	美国	－28
麦吉尔大学(McGill University)	加拿大	－29
卡内基梅隆大学(Carnegie Mellon University)	美国	－33
匹兹堡大学(University of Pittsburgh)	美国	－41

大　　　学	国　家	排名下跌位数
加州大学戴维斯分校(University of California，Davis)	美国	−48
宾夕法尼亚州立大学—大学公园（Pennsylvania State University-University Park）	美国	−55

资料来源："世界大学学术排名"(http://www.shanghairanking.com/)。

　　已有研究已经指出，在解释世界一流大学成功的时候，比起资金，更重要的是治理的关键作用(Aghion at al.，2009；Salmi，2011)。适当的治理结构与有利的监管条件，有助于高等教育机构之间促进发展创新行为。完全自主的大学不受外部强加的规章制度的约束，因此，在寻求学术卓越的过程中，可以更灵活地管理它们的资源，即财政或人力。

　　在不同的治理结构中，领导力似乎是机构层面转型和进步的最重要驱动力之一，从而推动机构获得更高的绩效水平和国际知名度(Altbach et al.，2018)。同时这又深受大学领导者选拔模式的影响。一些国家(如丹麦和芬兰)近年来已经从学者之间的民众选举过程转变为由授权的独立大学董事会领导的专业选拔方式，遵循了澳大利亚、加拿大、爱尔兰、英国和美国的传统。分析"世界大学学术排名"前100名大学的领导层遴选模式，可以提供这方面的说明(表4.5)。该表显示，2004～2019年期间，在百强大学中，通过专业人才搜寻选出领导人的大学数量从71所增加到77所；而采用某种形式的选举程序的大学数量从28所下降到18所。

表 4.5　2004～2019 年间"世界大学学术排名"百强高校领导人选拔模式

通过大学董事会领导的专业人才搜寻	通过选举产生	通过政府任命
2004		
美国(51)	日本(5)	俄罗斯(1)
英国(9)	瑞士(2)	
澳大利亚(2)	德国(7)	
加拿大(4)	法国(4)	

续　表

通过大学董事会领导的专业人才搜寻	通过选举产生	通过政府任命
荷兰(2)	瑞典(4)	
瑞士(1)	比利时(2)	
丹麦(1)	挪威(1)	
以色列(1)	奥地利(1)	
	意大利(1)	
	芬兰(1)	
总计：71	*总计：28*	*总计：1*
2019		
美国(45)	日本(3)	中国(4)
英国(8)	瑞士(2)	俄罗斯(1)
澳大利亚(7)	德国(4)	
加拿大(4)	法国(3)	
荷兰(4)	瑞典(3)	
瑞士(3)	比利时(2)	
丹麦(2)	挪威(1)	
以色列(1)		
芬兰(1)		
新加坡(2)		
总计：77	*总计：18*	*总计：5*

资料来源："世界大学学术排名"（http://www.shanghairanking.com/）。

在这方面,丹麦的情况尤其值得一提。丹麦是少数几个将其卓越计划体现为旨在使大学全面治理改革更加灵活的国家之一,包括从民主选举大学校长转变为由一个新组建的大学董事会领导的国际专业人才搜寻来确认校长人选，其中大多数是独立的外部成员。额外的财政资源和新的治理框架之间的这种高度吻合，在很大程度上解释了丹麦一流大学在"世界大学学术排名"中迅速崛起的原因。2004～2019 年，哥本哈根大学上升了 33 个名次，从第 59 名上升至第 26 名。更令人印象深刻的是该国第二名的奥胡斯大学的进步，它在 2004 年从 101—150 名的组别中脱颖而出，在 2019 年攀升至第 60 名。

相比之下，在过去 16 年里，来自法国和德国的顶尖大学数量分别从 7 所减少到 4 所、从 4 所减少到 3 所。重点建设计划并未对这两个国家的治理安排作出重大改变。这些治理方面的考虑也有助于理解南欧和拉丁美洲的大学没有进入前 100 名的原因(Salmi，2014)。

四、学术卓越缺失的维度

大学的意义不在于下个季度的业绩，甚至也不在于学生毕业时变成了什么样的人。它是关于塑造一生的学习；传承知识遗产的学习；塑造未来的学习……大学对永恒做出了承诺，而这些投资的收益我们无法预测，也常常无法衡量……我们追求……学习"本身的乐趣"，因为它们定义了几个世纪以来使我们成为人类的东西，而不是因为它们可以增强我们的全球竞争力。

——德鲁·福斯特(Drew Faust，哈佛大学前校长，2007 年毕业典礼讲话)

诗人、文学评论家 T·S·艾略特(T.S. Elliot)曾问道："我们在知识中失去的智慧到哪里去了？"同样的问题也可以探究在全球排名的影响下大学对学术的追求。排名到底在衡量什么？许多研究者已经记录了在衡量各种形式的研究产出的掩饰下，排名主要是在推销国际知名度(Bekhradnia，2016；Hazelkorn，2017；Rauhvargers，2013)[①]。

狭隘地关注研究卓越意味着，大学使命中其他同样重要的方面可能会被忽略。在这方面必须提出至少五个问题：世界一流大学如何促进社会流动议程？它们在坚持科学证据原则方面的成效如何？它们是否是道德行为的倡导者？它

---

① 此部分基于皮埃尔·德·马瑞特(Pierre de Maret，比利时自由大学名誉校长)与作者的合著(de Maret & Salmi，2018)。

们的研究内容与需要解决的社会问题是否相关？它们是否为全球可持续发展议程作出了贡献？

（一）公平

在追求学术卓越的过程中，许多顶尖大学变得更具选拔性，这就有可能将来自低收入或低文化资本家庭的优秀学生拒之门外。这种趋势导致了更多的精英主义和更大的高等教育差距。印度排名最高的印度理工学院（the Indian Institutes of Technology），是世界上选拔性最强的高等教育机构之一，其录取比例为 1% 至 3%。常春藤大学是美国选拔性最强的大学，每 10 至 15 名考生中只能录取 1 名。研究表明，被美国顶尖大学录取的学生在"高中毕业生学术能力水平考试"（SAT）中的平均成绩，与他们的社会经济背景密切相关，近年来此相关度稳步上升（Gladwell，2011）。表 4.6 对比了佩尔助学金（Pell Grants）受益人在选择性较高和较低的美国顶尖大学中的入学比例，这为许多世界一流大学缺乏包容性提供了具体的证据[①]。同时，这些大学年年都有可观的预算盈余，这将使他们能够为低收入学生提供更多的奖学金和助学金。例如，在 2012～2015 年期间，哈佛大学年均盈余达 12 亿美元，耶鲁大学年均盈余为 9.7 亿美元，斯坦福大学年均盈余为 8.4 亿美元（Carnevale & van der Werf，2017）。

表 4.6　美国顶尖大学低收入学生的比例

更具包容性的大学	佩尔助学金获得者的比例	包容性较差的大学	佩尔助学金获得者的比例
加州大学洛杉矶分校（University of California-Los Angeles）	35.9%	斯坦福大学（Standford University）	15.6%
加州大学伯克利分校（University of California-Berkeley）	31.4%	宾夕法尼亚大学（University of Pennsylvania）	14.4%
南加州大学（University of Southern California）	23.4%	杜克大学（Duke University）	14.0%

① 佩尔助学金是美国联邦政府为低收入学生提供的主要经济援助计划。受助者可以用他们的佩尔助学金来支付学费或其他与大学有关的费用，大约每 5 名本科生中就有 2 名学生获得。

续　表

更具包容性的大学	佩尔助学金获得者的比例	包容性较差的大学	佩尔助学金获得者的比例
俄亥俄州立大学（Ohio State University）	22.4％	西北大学（Northwestern University）	14.0％
纽约大学（New York University）	21.5％	哈佛大学（Harvard University）	13.0％
哥伦比亚大学（Columbia University）	21.4％	耶鲁大学（Yale University）	11.9％
密苏里大学哥伦比亚分校（University of Missouri-Columbia）	21.4％	加州理工学院（California Institute of Technology）	11.3％
北卡罗来纳大学教堂山分校（University of North Carolina-Chapel Hill）	21.3％	圣母大学（University of Notre Dame）	11.2％

资料来源：Carnevale & van der Werf(2017)。

　　加州公立大学学生的社会经济分布清楚地表明，学校获得世界一流的地位与其更具包容性的特点并不矛盾。加州大学洛杉矶分校和加州大学伯克利分校在 2019 年"世界大学学术排名"中分别位列世界第 11 位和第 5 位，同时也是研究密集型大学中低收入学生比例最高的大学之一。

　　同样，在英国，政策制定者和研究人员多年来一直观察到顶尖大学的精英主义性质不减。2007～2010 年担任高等教育大臣的大卫·拉米（David Lammy）一直呼吁英国建立集中招生制度，以提高入学率。

　　牛津大学(University of Oxford)和剑桥大学(University of Cambridge)是"两所完全不能代表整个国家的院校，它们招收的绝大多数学生来自英格兰南部一小部分享有特权的少数群体"。2012 年，牛津大学和剑桥大学均将 79％的录取通知书发放给了社会阶层最高的家庭子女手中，即父母为大律师、医生和首席执行官的子女。2015 年这一数字分别上升到 82％和 81％。发给伊顿公学这一所学校学生的录取通知书，比全国享受免费校餐的学生还多。……在 2010～2015 年期间，每一年只有 4 个剑桥大学的学院向英国黑人学生发出录取通知书。这其中，很多学院只向黑人学生提供了一两张录取通知书。而在这期间,每年都有四分之一的学院根本没有向英国黑人申请者发出任何录取通知(Lammy,2017)。

图4.3显示了牛津大学和剑桥大学黑人学生的比例,说明与整个英国大学的平均比例相比,差距巨大。

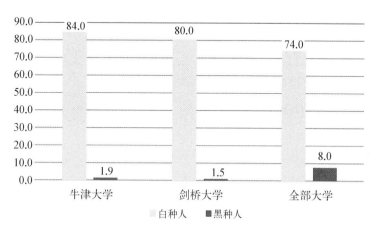

图4.3 2018年英国大学入学人数中白人与黑人学生比例

2018年,高等教育政策研究所(Higher Education Policy Institute)一项研究显示,在英国的132所大学中,录取工作中社会平等方面排名最低的10所大学分别为:剑桥大学(最低)、圣安德鲁斯大学(University of St. Andrews)、布里斯托尔大学(University of Bristol)、牛津大学(University of Oxford)、阿伯丁大学(University of Aberdeen)、爱丁堡大学(University of Edinburgh)、伦敦大学学院(University College London)、杜伦大学(University of Durham)、罗伯特·戈登大学(Robert Gordon University)和伦敦经济学院(London School of Economics)(SI,2018)。其中有5所是"世界大学学术排名"前100名的大学。

衡量英国大学社会选择性程度的另一个方法是看大学录取公立高中毕业生的比例。在英国,大多数精英家庭的孩子都在私立学校就读。表4.7是出现在"世界大学学术排名"百强的8所英国大学的数据,显示来自精英私立学校的新生比例明显很高。曼彻斯特大学是唯一的例外,比全国平均水平低5个百分点。牛津大学是8所英国顶尖大学中精英化程度最高的院校。

表 4.7　排名前百的英国大学录取公立学校学生的比例(2018～2019)

大　　学	"世界大学学术排名"位次	来自公立学校的学生比例
剑桥大学(University of Cambridge)	3	65.3%
牛津大学(University of Oxford)	7	60.6%
伦敦大学学院(University College London)	15	65.9%
伦敦帝国理工学院(Imperial College London)	23	67.1%
爱丁堡大学(University of Edinburgh)	31	65.4%
曼彻斯特大学(University of Manchester)	33	85.4%
伦敦国王学院(King's College London)	51	77.8%
布里斯托大学(University of Bristol)	64	67.6%
全国平均水平	—	90.2%

资料来源："世界大学学术排名"(http://www.shanghairanking.com/)；高等教育统计局(Higher Education Statistics Authority)。

相比之下,北欧国家的大学入学制度比美国和英国的大学开放得多,它们同时也进入了排名百强。表4.8用父母教育程度作为收入的替代指标,展示了在百强大学所在的国家中,人们就读高等教育的概率相对于其父母的教育程度。表格第二列所示的比值表示父母已完成高等教育的人与父母仅接受过高中教育的人相比,他们接受高等教育的可能性。例如,以经合组织的平均水平来看,来自教育程度最高家庭的学生接受高等教育的可能性是来自贫困家庭的学生的4.5倍。芬兰拥有欧洲最平等的高等教育体系。瑞士和美国则处于另一个极端,来自教育程度最高家庭的学生接受高等教育的可能性是来自贫困家庭学生的7倍。

表 4.8　父母教育程度对学生接受高等教育的可能性的影响(2012年)

国　　家	学生接受高等教育的可能性(优势比)
澳大利亚	4.3
加拿大	2.6

续　表

国　家	学生接受高等教育的可能性(优势比)
丹　麦	3.0
芬　兰	1.4
荷　兰	2.8
挪　威	2.0
瑞　典	2.3
瑞　士	6.8
英　国	6.3
美　国	6.8
经合组织的平均水平	4.5

资料来源：OECD（2014，Table A4.1b）。

(二) 真相

目前,大学正面临着一场如此根本性的社会变革,很难知道结果会如何。看来,大学的本质正受到威胁。纵观大学的历史,对理性的坚持、对知识的追求、对真理的追求,都得到了社会的尊重和支持。但如今不再如此,或者至少不再是大学一贯认为的那种尊重。很难想象在任何更早的时候,真理的概念像现在这样受到破坏和限制。

——克里斯·布林克(Chris Brink,纽卡斯尔大学前校长,2018)

新冠疫情以最戏剧性的方式揭示了依靠科学证据推动公共政策和拯救人类生命的重要性。在后真相世界,批判性思维的建立和传播至关重要。大学有责任传授如何区分真实的证据和捏造的信息。寻求真理的技能是真正的博雅教育的基础,应该成为每一门课程的核心。当前民粹主义崛起,政客和煽动者更多地诉诸情感而非理性,传播伪科学,否认事实,关于气候变化、传染病和疫苗等广泛话题的阴谋论盛行(Knobel,2020)。今天,大学比以往任何时候都更应该强调"表现修辞"(epideictic),这是一种解释为什么情感和个人信仰可以被操纵,从而损害理智和事实的修辞①。

数字平台和社交媒体，最初是作为终极的赋权工具出现的，现在正成为历史上对自由思想和民主的最大威胁。疯狂传播的概念更多的是来源于大众认知，而不是来源个人认知。事实上，搜索引擎主要根据链接网站的数量来对搜索结果进行排名，这强化了群体思维，而不是个性思维。网络的整个逻辑是为了流行而不是准确性。正如凯普伦（Kaplan，2018）所观察到的，争取民主已经成为争取客观性的同义词。在最近的一次采访中，前英国高等教育大臣大卫·拉米指出，在"民粹主义时代"，学者们有责任"勇敢地站出来，并应非常强烈地指出全球可能面临的危险"（THE，2019）。

世界一流大学本应带头维护自由和公平辩论的学术传统，但这一传统已被相对主义和政治正确性所破坏。它们完全有能力提供一个安全的空间，以提出和评估各种观点，并与社会一起参与关于复杂问题的公开辩论。贝尔格莱德大学（University of Belgrade）校长伊万卡·波波维奇（Ivanka Popovic）在 2019 年提出，打击假新闻可以成为大学的第四项使命，从而使大学能充当社会的良心。

为了达到以上目的，往往需要发展多学科力量协同解决复杂问题。大学是少数拥有这种专业能力的机构之一，这种专业知识对于滋养客观的思考，以及在事实和科学证据的基础上影响公共政策至关重要。正如范·德·斯万（van der Zwaan，2017，p.182）写道："未来，大学很可能从其在社会中的知名度和领导力中获得其最重要的合法性形式。尽管公共话语对复杂性表现出越来越少的兴趣，但解决复杂问题是大学的关键优势之一。"②

作为对公益事业贡献的一部分，世界一流大学可以利用多种渠道与外界沟通，在本地、区域和全球范围内接触大量受众。加拿大麦吉尔大学（McGill University）在 2016 年推出的一年一度的特罗蒂埃公共科学研讨会（Lorne Trottier Public Science Symposium）系列活动就是这种做法的很好案例，负责任地向公众传播科学。英国伦敦帝国理工学院（Imperial College London）在 Coursera 平台上设置了一门为期 8 周的免费在线课程，名为"科学的重要性：让我们谈谈新冠疫情"（Science Matters：Let's Talk about COVID‐19）。

---

① 在芬兰，对于如何辨别假新闻的教育从小学就开始了（https://www.theguardian.com/world/2020/jan/28/fact-from-fiction-finlands-new-lessons-in-combating-fake-news）。
② 这与莫林（Edgard Morin）对于"必须对不同的知识线做连接分析，而不仅仅是储存"的观察相呼应。

这方面的一个重要挑战是，追求卓越与限制充分的学术自由之间的矛盾日益加剧，而学术自由历来被认为是大学的基本特征。"在美国大学中，自由的本质几乎是不言而喻的……。将任何束缚强加给我们高校的知识领袖，将危及我们国家的未来……在充满怀疑和不信任的氛围中，学术不可能蓬勃发展。教师和学生必须始终保持探究、研究和评估的自由，从而不断提升思考能力。"［美国第 14 任首席大法官厄尔·沃伦（Earl Warren）1957 年的讲话，引自 Currie et al，2006，p.23］。

匈牙利、伊朗、俄罗斯、沙特阿拉伯、土耳其和越南等国家已经推出了一系列重点建设举措，而在学术自由受到影响的地方，顶尖大学能否持续取得卓越的成果还有待观察。虽然这在硬科学领域的限制较小（尽管对互联网的限制管理影响了所有学者的研究范围），但它肯定会阻碍社会科学家对政治敏感的问题进行科学探索的能力。例如，匈牙利最近取消了对性别研究的资助（Oppenheim，2018）。

（三）道德

> 任何文化都不能建立在对真理的扭曲上。
>
> ——罗伯特·穆齐尔（Robert Musil）

由于世界上最有声望大学的毕业生注定会在政府和企业重要位置任职，因此我们就必须思考比利时哲学家夏波特（Pascal Chabot，2017，p.56）曾提出的问题，即"难道一个大国不需要为质疑、哲学推理以及道德启蒙提供相应的教育吗？"

另一个核心问题是，世界一流大学在其机构运行中以及与外部世界的关系中在多大程度上促进道德行为。这首先要在大学内部维护崇高原则，防范和惩罚学术不诚实行为。例如，牛津大学为此制定了严格的《荣誉守则》（Code of Honor），阐明了对研究中的道德和诚信标准、道德和法律义务以及潜在利益冲突的案例。该《守则》还界定了不当行为的定义，规定了大学成员的责任，并涵盖了与调查潜在不当行为有关的保密问题。《守则》还规定了处理潜在不当行为的程序，包括应遵循的具体步骤以及大学内部程序与其他程序（如法律程序）的联系[①]。

世界一流大学必须制定和执行严格的标准，以应对考试和研究中的欺诈行为，以及校园内任何形式的攻击性行为，包括暴力、歧视、性骚扰和欺凌。澳大利亚的首席科学家艾伦·芬克尔（Alan Finkel）最近呼吁研究资助机构更密切地参

---

① 请见 https://hr.admin.ox.ac.uk/academic-integrity-in-research.

与监督科研诚信，因为科研诚信正在受到更多的监测，这是受到大学排名诱导出来的发表/出版竞赛所影响的(Finkel，2019)。观察人士控诉英国大学经常使用保密协议来压制性骚扰受害者对不当行为的举报(Murphy，2019)。

除了可以测量普通教育和专业培训的质量以外，大学排名设计还有一个不合理的方面，就是评估毕业生是否做好了道德准备。例如，在次贷危机引发的2007/2008年金融危机之后(次贷危机本身就是衍生品不受监管使用而造成的)，许多人对商学院课程内容提出了质疑，认为课程内容中缺乏对企业责任的重视。

美国的商学院培养了许多在国家的经济之舟搁浅时掌舵的人。现在，那些在顶级商学院担任领导职务的人开始自问，他们所承担的责任有多大。在经济危机导致数百万美国人失去工作和退休金之前，这些学校就遭到了批评。现在，批评者的声音更大了，他们提出的问题也得到了更认真的对待。哈佛商学院(the Harvard Business School)院长杰·莱特(Jay Light)说："这是学院该自我反思的时候了。"①

在这方面，最近在南美哥伦比亚进行的一项研究很能说明问题。领导这项调查的智囊团调查了110名在过去两年里被指控犯有腐败或其他严重罪行的著名政治家或商人所获得的最高大学学位，并将这些信息与哥伦比亚的大学进行了对比。表4.9显示了从毕业生的角度来看出现在这类"腐败排名"中的顶尖大学，以及哥伦比亚教育部编制的"学术卓越排名"(MIDE ranking)。令人担忧的是，在哥伦比亚自己的"学术卓越排名"中排名前三的大学，在"腐败排名"中分别排名第三、第五和第七。腐败人士最集中的职业是律师(43%)和商人(28%)。正如唐·温斯洛(Don Winslow)在他的小说《边境》(*The Border*)中讽刺地指出的那样，"对冲基金经理和毒枭之间有何区别？(就是有否上过)沃顿商学院"(p.105)。

表4.9   哥伦比亚的腐败排名和卓越排名(2017年)

大　　　学	腐败排名	学术卓越排名	学校性质
哥伦比亚对外大学(Universidad Externado de Colombia)	1	15	私立
哈韦里亚教廷大学(Universidad Pontificia Javeriana)	2	7	私立

---

① 请见 https://www.npr.org/templates/story/story.php?storyId=103719186.

续 表

大 学	腐败排名	学术卓越排名	学校性质
安第斯大学(Universidad Los Andes)	3	1	私立
圣图马斯大学(Universidad Santo Tómas)	4	49	私立
哥伦比亚国立大学(Universidad Nacional de Colombia)	5	2	公立
自由大学(Universidad Libre)	5	50—100	私立
罗萨里奥大学(Universidad del Rosario)	7	3	私立
安提奥基亚大学(Universidad de Antioquia)	8	6	公立
北方大学(Universidad del Norte)	8	11	私立

资料来源:哥伦比亚大学观察站(Observatorio de la Universidad Colombiana, 2017)、哥伦比亚教育部。

第三,世界一流大学有责任在与政界和商界打交道时避免利益冲突,保持其知识独立性。正如比利时布鲁塞尔自由大学(the Free University of Brussels)校长在 2002 年的毕业典礼上所宣称的那样:"在民主社会,大学必须绝对保持其独立性,既要对政府,也要对私人部门。被以盈利为目标的经济利益集团所控制的新闻界已经失去了大部分反权力的合法性……我们必须确保大学不仅通过教育和研究,而且通过其批评意见间接地为社会服务。"(de Maret,2007,p.96)

这方面的一个相关因素是,在制定和实施关于大学希望参与何种研究活动以及愿意接受哪些捐助者的捐款的严格规则时,应保持透明度。例如,中国香港大学历来不接受任何来自制造军火和烟草制品公司的捐款。相比之下,麻省理工学院最近被指其媒体实验室接受了性犯罪者、大亨杰弗里·爱泼斯坦(Jeffrey Epstein)的捐款,学校形象受损。近年来,哈佛大学和麻省理工学院都因与沙特阿拉伯政府有财政关系而被批评。

最后,一些大学近年来试图以批判的眼光重新审视自己的过去,并承认它们与本国历史上的丑陋时刻密切相关,如奴隶制、种族隔离或对土著居民群体的歧视等。在美国,布朗大学(Brown University)、耶鲁大学(Yale University)和乔治城大学(Georgetown University)等重新审视其涉及奴隶制的过往历史。即使是赠地大学也受到挑战,要求他们承认 1862 年的《莫里尔法案》(*the Morrill*

Act)实际上是美国政府从美国土著人手中抢夺土地、为新大学设立捐赠基金的结果：《莫里尔法案》是伪装成捐赠的财富转移，一项调查发现该法案重新分配了近 1 100 万英亩土地，几乎相当于丹麦的面积；这些补助金来自近 250 个部落国家在暴力背景下对 160 多处土地的出让；经通货膨胀调整后，52 所大学净赚约 5 亿美元(Ahtone & Lee，2020)。

在英国，伦敦大学学院建立了英国奴隶主数据库，对推动布里斯托大学、爱丁堡大学、格拉斯哥大学、伦敦大学和利物浦大学认真审视他们如何从奴隶制和奴隶经济中获益产生了影响(The Economist，2020)。在南非，2015 年在开普敦大学开始的"罗德斯必须倒下"(♯RhodesMustFall)运动导致了该国前白人大学对种族隔离历史象征的激烈辩论甚至暴力行动，目的是实现课程的非殖民化。在澳大利亚、加拿大和新西兰，越来越多的高校发起了"和解倡议"(reconciliation initiatives)，旨在为原住民学生和工作人员提供更多的机会，尊重原住民及其文化，与社区建立更深的联系，开展跨文化对话与合作。在 2020 年北美发生警察种族主义事件后，一些加拿大学者呼吁切断与执法当局的研究伙伴关系，以"正视潜在的种族主义和警察暴力的殖民化"(Quan，2020)。

(四) 承诺

全球排名能够识别出的主要方面是世界一流大学开展优秀"基础"研究的能力。但是，隶属于顶尖大学研究人员的发表数量和影响因子并不能说明其研究的相关性和影响力，也不能衡量大学在多大程度上积极与社会和经济接触，帮助解决实际问题和应对全球挑战。每所大学在这方面都走着一条独特的道路，而排名的目的并不是为了体现这些差异。事实上，研究表明，对全球知名度的追求往往会促使世界一流大学与世界各角落的其他排名靠前的机构合作，而不是与当地社区紧密合作(Hazelkorn，2020a)。

在这方面，牛津大学和剑桥大学在发展与当地经济联系方面的经验对比很能说明问题。这两所大学有着相似的历史和源于相同的学术文化。它们都被认为是世界上最好的大学之一。然而，在对各自城市的影响方面，牛津大学和剑桥大学走的是不同的道路，取得了截然不同的结果。牛津仍然是一个老式的大学城，而剑桥已经成为"欧洲最令人兴奋的科技聚集地"。从 20 世纪 70 年代开始建立商业园区并欢迎创业型学者及其博士生，到现在已经发展成为电子、制药、生物技术等前沿领域 4 000 家知识密集型企业的中心。如今，这里是欧洲最具活力的地方，教授、诺贝尔奖科学家和天使投资人都在这里谋划下一个创业项目。剑桥的生产力水平比伦敦高 30%，产生的专利比其他 6 个排名紧随其后的英国大学竞争对手的专利总数还要多，拥有的 10 亿美元公司比它大 10 倍的城市还要多，而且它号称几乎实现了充分就业。

剑桥的成功秘诀似乎在于采取了一种平衡的方法，将提供适当基础设施和经济环境发展的开明政策与相信人类智慧和偶然性的自由态度结合起来。一方面，大学、市议会和附近的政府机构协调合作，通过建立科学园区和孵化器、鼓励商业和住宅区的发展、吸引投资者和游说政府制定更开放的移民政策，创造一个有利的生态系统。另一方面，他们不强行规定战略重点，不对城市经济发展进行微观管理。该市并不明确哪种类型的高科技产业更有可能成为明天的产业，大学对有兴趣成立公司的学者给予激励，使其实验室和私人公司之间的交流更为顺畅。这就形成了动态的合作关系，企业免费提供咨询，并邀请学生帮助他们，而学者和天使投资人则共同为新公司保驾护航（The Economist，2015）。

但剑桥独特的道路并不意味着牛津大学的研究成果不那么重要。例如，来自牛津的一个医学研究小组一直走在研制新冠肺炎疫苗的前沿。事实上，在疫情期间，世界各地以大学为基础的倡议大量出现，提醒人们注意它们的公民参与作用的重要性，这是喜闻乐见的。卫生相关领域的学生正在医院和其他公共场所进行志愿服务；工程系学生正在为急救人员和卫生工作者制作口罩；化学系学生正在生产医院所需的消毒剂和化学制剂；学术界的工作人员也纷纷行动起来；大学实验室正在制作冠状病毒检测盒；医学院正在捐赠他们的呼吸机、口罩和其他个人安全设备（Sursock，2020）。

虽然传统排名的构建并没有考虑到这一相关性维度，但《泰晤士高等教育》（*Times Higher Education*）在 2019 年推出的新排名聚焦大学"可持续发展目标"（Sustainable Development Goals，以下简称 SDGs）作出的贡献，是一个例外①。所谓的"影响力排名"是基于感兴趣的大学提交的材料，针对至少 3 个自选的 SDG 和 SDG-17（国际合作）提供数据、证据和实例。《泰晤士高等教育》在第一年收到了约 500 家机构的提交材料，2020 年收到 858 家。据哈泽尔科恩和

---

① 请见 https://www.timeshighereducation.com/rankings/impact/2020/overall#!/page/0/length/25/sort_by/rank/sort_order/asc/cols/undefined.

卡尔德仁（Hazelkorn & Calderon，2020）报道，该方法从四个方面来评估，即教学、研究、管理和推广活动。爱思唯尔的研究数据在衡量每个可持续发展目标各自贡献的权重中占 27%。综合分数是根据三个最高的可持续发展目标分数加上各大学对可持续发展目标的表现来计算的。

将《泰晤士高等教育》"大学可持续发展目标"排名中的前 100 所大学与"世界大学学术排名"中的大学进行比较，可以得到有趣的信息。"世界大学学术排名"列出的前 20 名世界一流大学没有一所出现在"大学可持续发展目标"的排名中，很可能是因为它们没有表现出任何参与的意愿。总的来说，"世界大学学术排名"前 100 名中只有 12 所大学进入了影响力排名前 100 名。从表 4.10 可以看出，除了多伦多大学、东京大学和赫尔辛基大学，其他大学在影响力排行榜上的排名都更高。由于缺乏实际数据来评估这些大学的贡献，目前还不清楚它们排名靠后是因为进行了更多的基础研究，还是因为数据问题。

表 4.10　大学在《泰晤士高等教育》"大学可持续发展目标"
排名与"世界大学学术排名"中表现的比较

大　　学	在"大学可持续发展目标"上的排名表现（2020）	在"世界大学学术排名"上的排名表现（2019）
悉尼大学（University of Sydney）	2	80
英属哥伦比亚大学（University of British Colombia）	7	35
曼彻斯特大学（University of Manchester）	8	33
伦敦国王学院（King's College London）	9	51
麦克马斯特大学（McMaster University）	17	90
莫纳什大学（Monash University）	18	73
北卡罗来纳大学教堂山分校（University of North Carolina in Chapel Hill）	22	33
多伦多大学（University of Toronto）	28	24
爱丁堡大学（University of Edinburgh）	30	31

大　　学	在"大学可持续发展目标"上的排名表现(2020)	在"世界大学学术排名"上的排名表现(2019)
宾夕法尼亚州立大学(Pennsylvania State University)	35	98
东京大学(University of Tokyo)	77	25
赫尔辛基大学(University of Helsinki)	80	63

资料来源："泰晤士世界大学排名"(2020)、"世界大学学术排名"(2019)。

与任何排名一样，这一"大学可持续发展目标"在方法上存在若干缺陷。由于其难以验证各大学提交的信息的准确性和可比性，因此有很强的内在主观性因素(Hazelkorn，2020b)。实际结果和用于得出排名的权重并不是由《泰晤士高等教育》公布的。此外，与全球机构的数量相比，纳入排名的大学数量非常少。其中一个原因是，准备一份完整的材料需要大量的工作和信息，而世界上很多大学还没有能力做到这一点。正如所观察到的那样："在能够提交全部 17 个可持续发展目标数据的 164 个机构中，有 95 个机构来自高收入经济体，主要来自东亚和太平洋地区以及西欧地区。有 124 个机构来自中低收入经济体，它们至少提交了 4 个可持续发展目标的数据，因此获得了一个总体排名。"(Calderon，2020)。因此，该排名严重偏向于高收入和中等收入国家的大学。

尽管《泰晤士高等教育》影响力排名在方法上有一定的局限性，但它的重要优点是呼吁世界一流大学关注与外界相关的重要性。环太平洋大学协会(the Association of Pacific Rim Universities)秘书长在最近的一篇文章中倡导建立一种新形式的多边主义，以防止大学变得无关紧要。他很好地总结了大学在后新冠疫情时代的责任：为了解决公共利益问题，我们需要强调高等教育是一种公益事业，它有助于社会流动和包容，寻求使教学和研究与全球挑战相一致，并尊重公共服务和社会承诺(Tremewan，2020)。

(五) 可持续性

本章最后需要关注的是世界一流大学的运作在多大程度上对环境负责。印尼大学(University of Indonesia)根据一些因素制作了一个"可持续发展排名"(Greenmetric Ranking)，排名测评的内容包括每个机构的碳足迹与其电力消耗、水的使用、废物管理以及气候变化领域的教育和研究活动相联系。只有 5 所出现在"世界大学学术排名"百强中的大学被纳入"可持续发展排名"。牛津大学(第 2 名)、加州大学戴维斯分校(第 3 名)、北卡罗来纳大学教堂山分校(第 21 名)、麦克马斯特大学(第 51 名)和圣路易斯华盛顿大学(第 60 名)。在世界一些地方，大学正在成为可再生能源的生产者。哥伦比亚的西区自治大学(the Universidad Autónoma del Occidente)、肯尼亚的斯特拉斯莫尔大学(the Strathmore University)和澳大利亚的皇家墨尔本理工大学(RMIT University)是这方面的佼佼者。

这也是越来越多的大学关注的领域，采取相关措施实现碳中和，包括减少会议差旅。加州大学校长珍妮特·纳波利塔诺(Janet Napolitano)最近宣布的"气候变化联盟"倡议(Climate Change Coalition initiative)，汇集了加拿大、墨西哥和美国 13 所大学的研究力量，致力于集中他们在这一领域的科学知识和资源。2019 年，代表全球 7 000 多所高等教育机构的联盟宣布"气候紧急状态"，并承诺实施三方面的计划与学生共同应对环境危机：第一，到 2030 年将其校园转变为碳中和区；第二，调动资源进行气候变化领域的研究和培训；第三，在课程和社区外联方案中增加关于可持续环境的教学活动(O'Malley，2019)。

最后，越来越多的大学在学生发起的环保运动影响下，不再将其捐赠基金投入对化石燃料公司的投资。例如，在英国，格拉斯哥大学(University of Glasgow)是 2014 年第一个采取这一举措的大学，随后是华威大学(University of Warwick)、谢菲尔德大学(University of Sheffield)、伦敦国王学院(King's College London)、爱丁堡大学(University of Edinburgh)、牛津大学和杜伦大学(University of Durham)。据估计，英国约有一半的大学已经朝着这个方向发展(Ibrahim，2020)。

在美国，这一运动较为缓慢。2011 年，汉普郡学院(Hampshire College)率先采取了这一政策。加州大学系统在 2020 年 5 月宣布了一项类似的举措。相比之下，哈佛大学拒绝了教职员工和学生要求采取类似政策的呼声(Asmelash，2020)。澳大利亚的学者和管理者对国家养老基金(Unisuper)施加了越来越大的压力，要求其从对环境有负面影响的公司中撤资(Richards & Pietsch，2020)。

五、结语

小心虚假的知识，它比无知更危险。

——萧伯纳（George Bernard Shaw）

2003 年，在上海交通大学的倡议下，"世界大学学术排名"在全球高等教育领域的推出，对各国政府和大学都产生了深远而持久的影响。许多国家已经开始将大学的排名作为科学绩效和民族自豪感的代表。他们资助了雄心勃勃的投资计划，以提升其大学的档次，在某些情况下，甚至建立了新的机构，其明确的目标是达到世界一流的地位。

而各大学也急切地加入了这场新的人才竞赛。通常，排名已经成为指导机构战略计划的新里程碑，影响着大学领导和学者的动机与行为。虽然全世界许多大学在过去十年中确实提高了研究业绩，但许多迹象表明，排名所倡导的学术卓越往往使大学无法为人类生活的几个重要方面的进步作出贡献，如包容少数群体、科学真理、社会正义和可持续性问题。

在 2020 年的新冠疫情中，我们悲哀地发现，世界上新冠肺炎死亡人数最多的两个国家是美国和英国。这些国家拥有据说是世界上最好的大学，有研究大流行病的历史学家，有研究病毒的病毒学家，有为政府提供建议的公共卫生专家，也是 20 世纪医学诺贝尔奖获得者最多的国家（分别为 94 人和 28 人）。那里发生的事情生动地说明了科学力量与实际政策行动之间的脱节，也说明了一流大学在科学知识世界与政治、社会、文化领域之间搭建桥梁所面临的困难。

这场疫情、由这场疫情产生的经济危机以及社会对美国根深蒂固的结构性种族主义的挫折感的爆发，使我们迫切需要审视在全球排名推动下的学术卓越定义中所缺失的层面；迫切需要一个更全面的学术卓越概念，而不是狭隘地关注精英期刊上的科学出版物。

马瑞特和萨尔米（de Maret & Salmi，2018）在 2017 年推出的《上海原则》（*The Shanghai Principles*）就是在这个方向上的一种尝试，以此来提醒世界一流大学的领导者们高等院校应承担的社会责任。2017 年的《上海原则》呼应了 1988 年 388 位欧洲大学校长签署的《大学大宪章》（*Magna Charta Universitatum*）所捍卫的知识独立、学术自由和机构自治的理念，将社会包容、科学真理、伦理价值、负责任的研究和全球团结作为世界一流大学的道德支柱。这些维度可能难以通过排名来衡量，但它们是世界一流大学的基本使命。

在这个充满巨大挑战的世界里，没有人比 20 世纪哲学家、数学家阿尔弗雷德·诺斯·怀特黑德（Alfred North Whitehead）更能领会大学作为知识和智慧灯塔的崇高使命："世界的悲剧就在于有想象力的人缺乏经验，而有经验的人缺乏想象力。傻瓜没有经验，只凭想象行事。学究们只凭知识行事，没有想象力。大学的任务是把想象力和经验结合起来。"

参考文献

Aghion, P., Dewatripont, M, Hoxby, C., Mas-Colell, A., & Sapir, A. (2009). *The Governance and Performance of Research Universities: Evidence from Europe and the U.S.*. National Bureau of Economic Research Working Paper No. 14851, April 2009. Retrieved June 14, 2020 from https://www.nber.org/papers/w14851.

Ahtone, T., &Lee, R. (2020, May 7). Ask Who Paid for America's Universities. The New York Times. Retrieved June 14, 2020 from https://www.nytimes.com/2020/05/07/opinion/land-grant-universities-native-americans.html? nl = todaysheadlines&emc = edit_th_200508.

Altbach, P., Reisberg, L., Salmi, J., & Froumin, I. (eds.) (2018). *Accelerated Universities: Ideas and Money Combine to Build Academic Excellence*. Boston and Rotterdam: Brill Publishers.

Asmelash, L. (2020, May 20). The University of California has fully divested from fossil fuels. It's the largest school in the US to do it. CNN. Retrieved June 14, 2020 from https://edition.cnn.com/2020/05/20/us/university-of-california-divest-fossil-fuels-trnd/index.html.

Bhattacharjee, Y. (2011). Saudi universities offer cash in exchange for academic prestige. *Science*, 334(6061): 1344 - 1345.

Bekhradnia, B. (2016). *International University Rankings: For Good or Ill?*. London: HEPI.

Brink, C. (2018). *The Soul of a University*. Bristol: Bristol University Press.

Brooks, R.L. (2005). Measuring university quality. *Review of Higher Education*, 29(1): 1 - 22.

Calderon, A. (2020, May 9). Sustainability rankings show a different side to higher education. *University World News*. Retrieved June 14, 2020 from https://www.universityworldnews.com/post.php?story=2020050409591134.

Carnevale, A.P. & Van Der Werf, M. (2017). *The 20% Solution: Selective Colleges Can Afford to Admit More Pell Grant Recipients*. Washington DC: Georgetown University Center on Education and the Work Force.

Chabot, P (2017). *Exister, résister. Ce qui dépend de nous*. Paris: PUF.

Currie, J., Petersen, C., & Mok, M. H. (2006). *Academic Freedom in Hong Kong*. Lanham: Lexington Books.

De Maret, P., & Salmi, J. (2018). World-class universities in a post-truth world. In Wu, Y., Wang, Q, and N. Cai Liu (eds.) *World-Class Universities: Towards a Global Common Good and Seeking National and Institutional Contributions*, 70 – 87. Leiden and Boston: Brill-Sense.

De Maret, P. (2007). *Le tour du potier. Six leçons sur l'université et le monde*. Brussels: Le livre Timperman.

Dixon, R. (2020, January 17). Putin wanted Russian science to top the world. Then a huge academic scandal blew up. *The Washington Post*. Retrieved from https://www.washingtonpost. com/world/europe/putin-wanted-russian-science-to-top-the-world-then-a-major-academic-scandal-blew-up/2020/01/16/f58239ec-34b9 – 11ea-898f-eb846b7e9feb_story.html.

Downing, R., & Ganotice Fraide, A. (2016). *World University Rankings and the Future of Higher Education*. Hershey: Information Science Publishing, IGI Global.

Finkel, A. (2019, November 21). It's time for granting agencies to tackle bad science. *University World News*. Retrieved June 14, 2020 from https://www.universityworldnews. com/post.php?story=20190916114836558.

Gladwell, M. (2011). The Order of Things: What college rankings really tell us. *The New Yorker*. Retrieved June 14, 2020 from http://www.newyorker.com/reporting/ 2011/02/14/110214fa_fact_gladwell?currentPage=all.

Hazelkorn, E. (2020a). Higher education in the age of populism: Public good and civic engagement. *International Higher Education*, 100(Winter): 6 – 7. Retrieved June 14, 2020 from https://www.internationalhighereducation.net/en/handbuch/gliederung/♯/ Gliederungsebene/789/Winter-Issue-No.-100 –(2020).

Hazelkorn, E. (2020b, March 21). Should universities be ranked for their SDG performance? *University World News*. Retrieved June 14, 2020 from https://www.universityworldnews. com/post.php?story=20200317145134326.

Ibrahim, Z. (2020, January 13). Universities divesting from fossil fuels have made history, but the fight isn't over. *The Guardian*. Retrieved June 14, 2020 from https://www. theguardian.com/education/2020/jan/13/universities-divesting-from-fossil-fuels-have-made-history-but-the-fight-isnt-over♯img-1.

Kaplan, R. D. (2018, March 2). Everything here is fake. *The Washington Post*. Retrieved June 14, 2020 from https://www.washingtonpost.com/opinions/everything-here-is-fake/2018/03/02/064a3d4a-18c6 – 11e8 – 8b08 – 027a6ccb38eb_story.html?utm_term=.

67d 2d9799d26.

Knobel，M.（2020）. The Critical Role of Communication in a Post-Truth World. *International Higher Education*，100（Winter）：9 - 10. Retrieved June 14，2020 from https：//www. internationalhighereducation. net/en/handbuch/gliederung/♯/Gliederungsebene/789/Winter-Issue-No.-100 -（2020）.

Lammy，D.（2017，October 20）. Seven years have changed nothing at Oxbridge. In fact, diversity is even worse. *The Guardian*. Retrieved June 14，2020 from https：//www. theguardian. com/commentisfree/2017/oct/20/oxford-cambridge-not-changed-diversity-even-worse-admissions.

Le Prestre，P. *et al*（2018）. France's quest for excellence in higher education. *Journal of the European Higher Education Area*，1（1）：79 - 94.

Li J.（2015，January 22）. Communist Party orders Marxism course for universities. *South China Morning Post*. Retrieved June 14，2020 from https：//www. scmp. com/news/china/article/1682774/communist-party-orders-course-marxism-chinas-universities.

MacGregor，K.（2013，June 23）. Concerns growing over 'gaming' in university rankings. *University World News*，227. Retrieved June 14，2020 from https：//www.universityworldnews. com/post.php?story＝2013062216300718.

Murphy，S.（2019，April 17）. UK universities pay out £90m on staff "gagging orders" in past two years. *The Guardian*. Retrieved June 14，2020 from https：//www.theguardian.com/education/2019/apr/17/uk-universities-pay-out-90m-on-staff-gagging-orders-in-past-two-years.

Observatorio de la Universidad（2017）. Retrieved June 14，2020 from http：//www. universidad. edu. co/index. php/noticias/14583 - las-universidades-colombianas-en-las-que-estudiaron-los-cuestionados-y-acusados-de-corrupcion.

O'Malley，B.（2015）. Minister blasts patchy quality of university teaching. *University World News*. Retrieved June 14，2020 from https：//www. universityworldnews. com/post.php?story＝20150909182252437.

O'Malley，B.（2019，July 10）. Networks of 7,000 universities declare climate emergency. *University World News*. Retrieved June 14，2020 from https：//www. universityworldnews. com/post.php?story＝20190710141435609.

Oppenheim，M.（2018，October 24）. Hungarian Prime Minister Viktor Orban bans gender studies programs. *The Independent*. Retrieved June 14，2020 from https：//www. independent. co. uk/news/world/europe/hungary-bans-gender-studies-programmes-viktor-orban-central-european-university-budapest-a8599796.html.

Orivel，F.（2004）. Pourquoi les universités françaises sont-elles si mal classées dans les palmarès internationaux?. *Dijon: Notes de l'IREDU*，May 2004.

Quan，D.（2020，June 3）. To continue to partner with police … is to be complicit：These academics want Canadian universities to cut ties with law enforcement. *The Star*.

Retrieved June 3, 2020 from https://www.thestar.com/news/canada/2020/06/02/to-continue-to-partner-with-police-is-to-be-complicit-these-academics-want-canadian-universities-to-cut-ties-with-law-enforcement.html.

Rauhvargers, A. (2013). *Global University Rankings and Their Impact - Report II.* Brussels: European University Association.

Richards, L., & Pietsch, T. (2020). Climate change is the most important mission for universities of the 21st century. *The Conversation.* Retrieved June 14, 2020 from. https://theconversation.com/climate-change-is-the-most-important-mission-for-universities-of-the-21st-century-139214.

Salmi, J. (2017). Excellence strategies and the creation of world-class universities. In Hazelkorn, E. (ed.) *Global Rankings and the Geopolitics of Higher Education: Understanding the Influence and Impact of Rankings on Higher Education, Policy and Society.* London: Routledge.

Salmi, J. (2014, January 29). The Governance Challenge for Ibero-American Universities. *Inside Higher Education.* Retrieved June 14, 2020 from https://www.insidehighered.com/blogs/world-view/governance-challenge-ibero-american-universities.

Salmi, J., & Saroyan, A. (2007). League Tables as Policy Instruments: Uses and Misuses. *Higher Education Management and Policy,* 19(2): 1 - 38.

Study International - SI (2018, April 9). The most & least equal universities in the UK. *SI News.* Retrieved June 14, 2020 from https://www.studyinternational.com/news/most-least-equal-universities-uk/.

Sursock, A. (2020, May 16). The vital role of civic engagement for universities. *University World News.* Retrieved June 14, 2020 from https://www.universityworldnews.com/post.php?story=20200515072822480.

Swarns, R.L. (2019, October 30). Is Georgetown's $400,000 - a-year plan to aid slave descendants enough? *The New York Times.* Retrieved June 14, 2020 from https://www.nytimes.com/2019/10/30/us/georgetown-slavery-reparations.html.

The Economist. (2020). British universities are examining how they benefited from slavery. *The Economist.* Retrieved June 14, 2020 from https://www.economist.com/britain/2020/02/08/british-universities-are-examining-how-they-benefited-from-slavery.

The Guardian (2019, December 18). China cuts "freedom of thought" from top university charters. *The Guardian.* Retrieved June 14, 2020 from https://www.theguardian.com/world/2019/dec/18/china-cuts-freedom-of-thought-from-top-fudan-university-charter.

Times Higher Education (2019, June 10). In conversation with David Lammy MP. *Times Higher Education.* Retrieved June 14, 2020 from https://www.timeshighereducation.com/news/conversation-david-lammy-mp.

Tremewan, C. (2020, May 30). A new multilateralism for our own endangered species. *University World News.* Retrieved June 14, 2020 from https://www.universityworldnews.

com/post.php?story＝20200529083803102.

Usher，A.，＆ Ramos，M.（2018）．*The Changing Finances of World-Class Universities*. Centre for Global Higher Education Working paper No.41. Retrieved June 14，2020 from https://www.researchcghe.org/perch/resources/publications/wp41.pdf.

van der Zwaan，B.（2017）．*Higher Education in 2040: A Global Approach*. Amsterdam：Amsterdam University Press.

Yonezawa T.，Nakatsui I.，＆ Kobayashi，T.（2002）．University rankings in Japan. *Higher Education in Europe*，27(4)：373 - 382.

（林婕、王琪　译校）

第五章

世界一流大学追求质量、声誉还是声望？

路易斯·克劳迪奥·科斯塔（Luiz Cláudio Costa）

巴西维索萨联邦大学（Universidade Federal de Viçosa）、巴西 IESB 大学学术排名与卓越国际协会（IREG Observatory on Academic Ranking and Excellence）

一、引言

> 知识是经济发展的关键。无视这一事实的国家会遭受痛苦，而承认这一事实的国家则会繁荣昌盛。
>
> ——埃里克·哈努谢克、卢德格尔·沃斯曼因（Hanushek & Woessman，2015）

> 正如城堡为中世纪的城镇提供了力量之源、工厂为工业时代提供了繁荣一样，大学是二十一世纪知识经济的力量之源。
>
> ——英国诺丁汉大学第五任校长迪林勋爵（Dearing，2002）

发展人力资本对一个国家的可持续经济增长至关重要，人们对于这一观点的认识已有几百年的历史。17 世纪，英国经济学家威廉·佩蒂（William Petty）提出，一个国家的发展直接取决于其劳动力的技能。几个世纪后，在今天的知识经济中，我们比以往任何时候都更加意识到，教育培养人们的技能，使他们在工作中更有效率。或许更重要的是，教育传播了促进创新和技术进步的知识，从而确保了未来的繁荣。尽管一个国家的经济增长有很多因素，但其人口的认知能力是长期繁荣的最重要因素（Hanushek & Woessman，2015）。

过去几年发表的文章、出版的图书表明，教育是经济增长的动力，如果没有经济增长,就很难在社会、环境和人类改善方面获得可持续发展的理想结果。近来,埃里克·哈努谢克(Eric Hanushek)和勒德格尔·沃斯曼(Ludger Woessmann)指出,几乎所有国家间经济增长率的差异都可以用知识资本的差异来解释。他们的研究表明,对经济增长重要的不是教育程度,而是高质量的教育,而高质量的教育归根结底是人口的知识和技能(Hanushek & Woessmann,2015)。

随着人们日益重视知识资本在一个国家发展的重要性,高质量的高等教育已是一个国家能否成为全球经济主要参与者的重要标志。如今,人们对"投入高等教育能够产生经济和社会回报"的期望更加强烈(Hazelkorn,2012;Blackmore,2016)。

因此,世界各地的大学都面临着来自社会、政府和学生的巨大压力,要求它们展现出高质量、更强的社会责任感、创业精神和实用性。

大学可以在三个关键方面对国家的发展作出贡献:毕业生的知识和技能发展,研究能力的应用与开发,以及它在学生中发展起来的创业文化(Wilson,2012)。

一份分析了英国在技能方面需要做些什么才能最大限度地实现经济繁荣、生产力和社会公正的报告显示:英国的技能基础有所改善,但落后于许多竞争力日益增强的国家。报告强调了大力关注"经济上有价值的技能"的必要性,这样才能在2020年前实现决定性的转变(HM Treasury,2006;Blackmore,2016)。

在全球竞争激烈的经济环境下,拥有一个高质量的高等教育体系,对一个国家的经济和社会可持续发展至关重要。这就是那么多国家都在努力建设世界一流大学的原因。

一所世界一流大学应该进行具有高度影响力的研究,体现卓越文化,拥有高质量的设施,并保有一个超越国界的品牌,从而能够吸引、保障和留住人才和投资。一所世界一流大学可以为一个国家提供高技能人才,在产品和服务开发上不断创新,发展繁荣的创业文化,以及推进动态的、前沿的科学技术发展(Wilson,2012)。

一所大学要想被认定为世界一流大学,至少要在最具影响力的世界大学排名中名列前茅(Blackmore,2016)。

二、全球排名和高等教育

全球排名,即"世界大学学术排名"(Academic Ranking of World Universities),

自 2003 年起每年发布一次排名结果(Liu & Cheng，2005)。此后，国际排名无论是对院校个体还是对各国高等教育系统都产生了巨大的影响，国际排名已经成为学术生活中彰显声望的最重要工具之一(Blackmore，2016；Hazelkorn，2017)。

哈泽尔科恩(Hazelkorn，2017)给出了一个重要的例子，说明高等教育领域排名的瞬时影响。2004 年春天，在第一版"世界大学学术排名"发布几个月后，爱尔兰教育和科学部长诺尔·登普西(Noel Dempsey)作为欧洲教育部长理事会(European Council of Education Ministers)主席发表讲话："去年，'世界大学学术排名'在学术和研究方面对世界 500 强大学进行了排名。对于欧盟来说，这个消息并不是那么好。研究显示，世界排名前 50 的大学中，有 35 所是美国大学……"

现在，排名对高等教育的影响呈指数级增长。一些国家都有改善其大学排名表现的计划。此外，世界各地的许多大学都努力试图在排名中占据有利位置，因为这意味着声望的提高。

大学排名尽管受到批评，但在高等教育领域非常重要，对单个大学的组织行为及整个系统层面都会产生影响(Goglio，2016)。

大学排名有助于分析高等教育对一个国家经济和社会发展的重要性，并将其从国内事务转向更广泛的比较框架。更直接的方式是，由于有了排名，我们今天可以比以往任何时候都更系统、可靠地收集关于高等教育机构的各项数据(Rauhvargers，2014；Goglio，2016)。

大学排名在全球的影响是毋庸置疑的。学生、媒体、社会、雇主、大学和政府都以各种方式使用排名。大学也将排名用于战略规划和确定优先次序。

排名对所有大学的影响并不相同。一些顶尖大学为了保住自己的位置成为世界一流大学，就必须投入资金和人力资源。另一方面，排名位次较低或未上榜的大学在提升排名方面面临很大压力，这意味着要尽力提升排名从而在全球范围内引人注目(Goglio，2016)。

三、排名与高等教育质量

在每年发布大学排名的环境下，社会和政府对大学的压力一直在增加，要求大学成为世界一流大学。世界各地的大学都在努力成为世界一流大学，因为这意味着它的声誉在不断提高。

一项针对高等教育机构的调查显示，84％的大学有定期评估其排名表现的机制（Hazelkorn，2017；Altbach & Hazelkorn，2017）。

进入排名前 50 名或前 100 名是现在许多国家或院校战略的一部分。成为世界一流大学是许多高等教育机构的目标。2017 年，在谷歌上，"大学排名"的搜索量约为 300 万次，"世界一流大学"的搜索量超过 9 500 万次（Hazelkorn，2017）。

显然，一所大学要想在最具声望的排名中提升自己的地位，首先要了解这些上榜大学是如何运作的，以及它们使用了哪些指标。在此之后，这所大学需要采取行动，以反映自身在这些指标方面所作的改善。

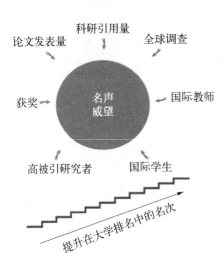

图 5.1　最具声望的全球大学排名用以衡量大学质量的指标

图 5.1 是最权威的大学排名用来评价大学质量的指标。从图中可以很清楚地看出，如果一所大学打算提升其在排名中的地位或成为世界一流大学，就须在其研究指标上下功夫。

因此，一个重要问题是：如果一所大学通过改善其在这些指标中的表现来提高其排名，那么它是否会有一个高质量的学习环境？

正如我们所看到的，在大多数大学排名中，研究指标被视为教学质量的代表（Vught & Westerheijden，2010；Teichler，2011）。然而，正如早已指出的那样，这种关系并不直接，研究方面得分高的大学并不自动意味着其具有高质量的教学水平（Dill & Soo，2005）。

众所周知，由于多种原因，要想让本科教学质量更直接地被大学认为是成为世界一流大学的重要因素之一，完善排名指标仍是难题。

排名的一个假设是，如果一所大学有良好的研究指标，就能反映出它的声望和声誉，这将增加它吸引和留住杰出的教师以及招收"最优秀的和最聪明的"学生的能力，因此它们将有一个高质量的学习环境。然而，是否一直如此呢？

排名也有其副作用。其中的一个例子是，一些大学为了提高自己的排名位置，聘用兼职或临时兼职的高引用学者或诺贝尔奖得主，但对高质量的学习环境投入较少(Kehm，2014；Kehm & Erkkila，2014)。

我们可以举一些例子来讨论。如果一所大学聘请一位诺贝尔奖获得者，很可能会提高其在排名中的位置。那么我们是否可以说，这将直接提高该校的教学质量呢？或者说，如果一所大学一年内有多篇论文在高等级期刊上发表，会不会直接影响其教学质量？这些问题没有直接的答案。为了深化这个问题，我们可以谈谈质量问题。

毋庸置疑，界定高等教育的质量是困难的。这就是为什么40多年来人们一直在问"质量到底是什么？"(Pirsig，1974；Ball，1985)。质量是一个相对的术语，取决于个人和利益相关者的观点。在高等教育中，我们应该考虑到学生、雇主、行业和办学机构的雇员(Schindler et al.，2015)。尽管困难重重，但定义质量是定义质量保证(quality assurance)的重要前提。毕竟，在确定如何保证质量之前，必须先知道什么是质量(Schindler et al.，2015)。

在本章中，考虑到大学的首要任务是培养高技能专业人才，我们将考虑图5.2所示的变革性质量(Shindler，et al.，2015)。

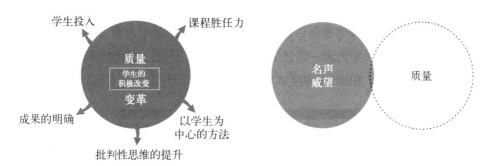

图 5.2　变革性质量的概念模型(改编　　图 5.3　提升名声、威望与促进变革性
　　　　自辛德勒等，2015)　　　　　　　　　　　　质量并不存在直接关系

因此，如果看一下那些被各排名用来使大学提高自己排名位置或使其被认为是世界一流大学的指标(见图5.1)，我们就能发现这些指标与转型质量并没有直接的联系，即使有也是以一种非常特殊和间接的方式(Rauhvargers，2011)。例如，大学毕业生中诺贝尔奖得主的数量与教学质量之间并没有直接的联系(Rauhvargers，2011)。这意味着大学可以提高它们在排名中的位置，而不必提高具有变革性的质量(见图5.3)。

然而，如果一所大学计划通过战略举措来提高其排名，以创造高质量的学习环境,那么聘请一位高引用学者或诺贝尔奖获得者是一个非常重要的行动。

为此,大学需要关注排名,并努力提高自己在排名中的地位,进而提高其声望和声誉,不仅要看指标,还要努力营造高质量的学习环境。

大学可以采取战略行动,使用新的指标来衡量。举个例子,大学可以制定一项政策,即其学术人员中的获奖者或诺贝尔奖获得者必须与本科生接触。因此,他们可以建立一个指标,如获奖者所教的学生人数/学生总数。同样的办法可以用于高被引学者。此外,高校还可以制定一项战略政策,即高被引学者和获奖者在一学年内必须为本科生举办若干次讲座。

在这些方面,大学可以通过回顾、寻找差距和修改排名指标来考虑变革教育的概念模型(见图5.2),并确定一组可观测的质量指标,学校可以用它来评估质量,如此概念在图5.4中所展示的情况。

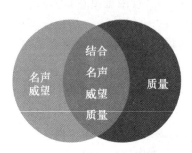

图5.4　提高名声、威望和质量的方法

我相信,世界各地的高等教育系统比以前更有能力面对未来世界范围内的挑战。正确使用排名可以帮助大学从本地和全球的角度对自己的表现有一个更客观的认识,更重要的是,排名可以作为一个指南来分析学校应如何提高其学习环境的质量。

如果把2003年以前的高等教育环境考虑在内,而不考虑全球排名的话,我们会发现,在那个时候拥有全球声望的几所大学几乎和今天最传统排名的"前十名"大学一致。不同的是,在排名之前,它们是被传统认可的,或者"它们之所以优秀是因为它们确实很优秀",但现在我们有一些指标可以来比较它们。

此外,在进行全球排名之前,必须考虑到全球顶尖大学的声望和声誉很大程度上取决于其研究活动,而不是教学质量。

排名之后,我们至少知道了一所大学能排在前面的考虑因素。当然,所使用的指标并不是完美无缺的,它们并不能考虑一所大学所做的所有重要行为,但至少我们可以对这些指标进行分析、批评、完善,在某些情况下还可以利用这些指标来提升高等教育质量。

当然,我们知道没有一种单一的优秀模式,因为没有一种完美的大学排名。然而,我们需要认识到,排名不仅仅是一套指标,它能告诉我们的不仅仅是大学的排名名次。

　　建设高质量的高等教育系统是一项长期的工作。展望未来高等教育面临的挑战,正确运用排名,我们能够加强合作,共同推动高等教育质量的提高。对此,我持乐观态度。

　　正如我们前面所说,高等教育是社会可持续发展的决定因素,我相信在未来十年,大学和政府在追求高质量高等教育方面的压力将继续增加。此外,想要接受高等教育的学生数量将大幅增加,毫无疑问,他们会根据排名来作出相应决定。

　　因此,我坚信我们需要从"对排名非爱即恨"的问题中走出来。鉴于"排名还会继续存在",那我们需要讨论的是如何利用排名来帮助创建一个更好的全球高等教育系统。

参考文献

Altbach, P., & Hazelkorn, E. (2017, January 8) Why most universities should quit the rankings game. *University World News*, 442. Retrieved May 02, 2017 from http://www.universityworldnews.com/article.php?story=20170105122700949.

Ball, C. (1985). What the hell is quality? In Ball, C., & Urwin, D. (eds.) *Fitness for Purpose: Essays in Higher Education*. Guildford: Society for Research into Higher Education and NFER-Nelson.

Blackmore, P. (2016). *Prestige in Academic Life: Excellence and Exclusion*. Abingdon: Routledge.

Dill, D.D., & Soo, M. (2005). Academic quality, league tables, and public policy: A cross-national analysis of university rankings systems. *Higher Education*, 49(4), 495 – 533.

Goglio, V. (2016). One size fits all? A different perspective on university rankings. *Journal of Higher Education Policy and Management*, 38(2), 212 – 226.

Hanushek, E.A., & Woessmann, L. (2015). *The Knowledge Capital of Nations: Education and the Economics of Growth*. Cambridge, MA: MIT Press.

Hazelkorn, E. (2012). Understanding rankings and the alternatives: Implications for higher education. In Bergan, S., Egron-Polak, E., Koheler, J., Purser, L., & Vukasović, M. (eds.) *Handbook of Internationalisation of European Higher Education*. Stuttgart: Raabe Verlag.

Hazelkorn, E. (2017). *Rankings and Higher Education: Reframing Relationships within and between States*. Centre for Global Higher Education. Working Paper No.19.

HM Treasury. (2006). *Prosperity for All in the Global Economy: World Class Skills*. Final

Report. (Leitch Review of Skills). London: HMSO.

Kehm, B. M. (2014). Global universities rankings: Impacts and unintended side effects. *European Journal of Education*, 49(1), 102 - 112.

Kehm, B.M., & Erkkilä, T. (2014). Editorial: The rankings game. *European Journal of Education*, 49(1), 3 - 11.

Liu, N. C., & Cheng, Y. (2005). The academic ranking of world universities. *Higher Education in Europe*, 30(2), 127 - 136.

Pirsig, R.M. (1974). *Zen and the Art of Motor-Cycle Maintenance: An Inquire into Values.* New York: Willian Morrow and Company.

Rauhvargers, A. (2011). *Global University Rankings and their Impact.* Brussels: European University Association.

Rauhvargers, A. (2014). Where are the global rankings leading us? An analyses of recent methodological changes and new developments. *European Journal of Education*, 49(1), 29 - 44.

Shindler, L., Puls-Elvidge, S., Welzant, H., & Crowford, L. (2015). Definition of high quality in higher education: A synthesis of the literature. *Higher Learning Research Communications*, 5(3), 3 - 13.

Teichler, U. (2011). Social contexts and systemic consequence of university rankings: A meta-analyses of the ranking literature. In Shin, J., Toutkoushain, R., & Teichler, U. (eds.) *University Rankings: Theoretical Basis, Methodology and Impacts on Global Higher Education.* London: Springler.

Vught, F., & Westerheijden, D. (2010). Multidimensional ranking: A new transparency tool for higher education and research. *Higher Education Management and Policy*, 22(3), 1 - 26.

Wilson, T. (2012). *A Review of Business-University Collaboration.* HM Government. Retrieved May 7, 2020 from https://www. gov. uk/government/uploads/system/uploads/attachment_data/file/3238 3/12 - 610 - wilson-review-business-university-collaboration.pdf.

（林婕、王琪　译校）

第六章

加速亚洲高等教育发展：
从中等收入走向高收入

白杰瑞（Gerard A. Postiglione）

中国香港大学

巴葛斯·潘德（Brajesh Panth）

亚洲发展银行（Asian Development Bank）

一、引言

亚洲若要在 21 世纪中叶成为全球经济中心，就需要巩固其在高等教育领域的卓越声誉。2016 年，亚洲各国的国内生产总值（GDP）之和占全球份额的 40.9%，这个数值自 2000 年以来增长了 11.5%。2016 年，中国、印度和日本 3 个国家约占亚洲总产值的 70%（Asian Development Bank［ADB］，2017）。到 2050 年，亚洲的 GDP 若要想达到全球产值的一半以上，就必须提高其高等教育机构的质量、多样性和自主性。

除了少数几个经济体，大多数亚洲的经济体都属于中等或高收入国家或地区。尽管如此，仍有数百万人生活在贫困线以下。随着妇女、贫困农村地区和少数民族获得更多高质量的高等教育，亚洲经济将增长得更快。

亚洲的高等教育体系不断取得巨大进步。对于新兴经济体来说，为了避免中等收入陷阱，它们的高等教育系统正致力于解决一些挑战，包括：如何管理爆炸性的招生增长；如何招聘合格的工作人员；如何提高教学质量；如何使课程多样化；如何加快基于技能的项目；如何实现基础研究突破性发展；如何将研究成果商业化；如何加强基于成本的评估；如何拓宽资金来源；如何推动创新文化。

二、亚洲高等教育的变革

亚洲高等教育是全球高等教育向国际化、社会相关性、质量保障和毕业生就业方面转型的一部分。本章指出了在全球范围内，特别是在亚洲，重新塑造大学的独特推动力。

（一）重塑大学：城市化

亚洲人口快速增长，数量已达 41 亿，占全球人口的 55％，亚洲占全球城市人口的 54％。到 2030 年，其城市人口预计达到 26 亿[United Nations Population Fund(UNFPA)，2000；United Nations(UN)，2019]。未来 30 年，全球城市人口增长的 60％以上将发生在亚洲，尤其是中国和印度，但也包括巴基斯坦、孟加拉国、菲律宾和越南。然而，城市生态系统尚不发达(ADB，2017)。作为世界上城市化速度最快的地区，亚洲可以利用这一发现，即拥有一流研究型大学的城市比没有研究型大学的城市更有可能在新的发展过程中进行创新。

（二）重塑大学：技术颠覆

塑造亚洲的技术和经济颠覆需要一系列高等教育机构来配合，它们有不同的使命，但可以作为一个高等教育生态系统运行。麦肯锡咨询公司(McKinsey & Co)表示，在 2010～2020 年间重塑亚洲的驱动力包括新兴市场的崛起、技术对市场竞争的影响以及贸易、资本和人员流动的加速(McKinsey，2015，2017，2018)。使命导向作为高等教育机构的一部分，发展中国家的高质量的大学将在未来十年(2020～2030 年)参与技术加速发展、深化全球互联互通和相互依存中达到顶峰。新技术(如人工智能、大数据和算法、面部识别、生物传感器、增强现实、游戏化、区块链、云计算等)可以用来改进学生学习的规划和评估、高等教育财政管理，以及知识网络的组织。

（三）重塑大学：利益相关者的参与

每个国家的发展轨迹都需要有一个特别的高等教育机构配置。这种配置由国家高等教育委员会协调，由各种利益相关者组成，包括两栖企业家和科学家，这些人跨越了大学和产业之间的边界，促进了推动创新的新组织形式的建立（Powell & Grodal，2005）。这样的委员会可以为高校提供指导和引导，以提高大学与社会发展的相关性、推动跨学科合作，并将商业衍生的实践移回学术界。

(四) 重塑大学：差异化和重新调整

我们需要就每个国家所需要的配置提出建议，因为高等教育领域包括研究型大学、普通大学、文理学院、应用科学学院、理工学院、社区学院、职业技术学院、技术培训学院和开放大学等。所有这些机构都有能力采用成本效益高的数字学习技术，并能够支持高等教育的终生发展。每个机构都有其独特的使命，共同构成高等教育生态系统，能够以协调的方式作出反应。

(五) 重塑大学：学校作为预备机构

大众高等教育要求重新考虑学校作为教学机构的作用。学院和大学是负责培养学校教师并向他们提供继续专业教育的主要机构。至关重要的是，各级教育系统的教学模式之间要有更密切的联系，这意味着要不断调整以加强这种联系。位于高质量大学内的教师教育学院可以提供教师教育方面的国际最佳实践（不仅仅是教师培训）。这种实践体现了学习文化的变化与创新和创业有关。

(六) 重塑大学：大规模的技能升级

大多数亚洲人将生活在城市里，迫切需要先进的知识和更高层次的技能，更好地维持人类社会的发展。首先，高校必须应对区域和全球劳动力市场的强化需求和工作场所的变化。2018 年，微软的一项研究发现，在数字经济和人工智能的推动下，到 2021 年，亚洲 85% 的工作岗位将发生变化，其中一半的岗位将成为具有更高价值的工作角色，并需要大规模的再培训（Microsoft，2018）。这就需要进行战略投资。

(七) 重塑大学：使命、市场和收益

在高等教育体系中，高质量的大学是以使命为中心、以市场为导向，且关注收益空间。其中，以使命为中心是指包括一个明确的宣言，表明机构为其服务的社区创造了什么样的价值；以市场为导向意味着通过增加价值与市场合

作，而不是让市场决定价值；关注收益空间意味着需要通过复杂公式，而非过于简单的、政治或特殊因素，来确保财务决策是在维护机构使命的价值基础上制定的（Massey，2016）。

三、寻找有价值的模型

亚洲已经成为高等教育日益重要的地区。人们普遍认为，亚洲高等教育体系数量众多，但在质量上较弱。因为与其经济带来的影响相比，其高等教育的全球影响力相形见绌。包括日本、韩国和新加坡在内的几个拥有世界一流大学的国家，则拥有高质量的高等教育系统。亚洲有 20 所大学跻身世界前 200 名。中国香港地区拥有 4 所跻身前 200 名的大学，其高等教育系统质量也较高。然而，没有一个单一的高等教育组织模式能为这拥有 40 亿人口的地区提供简单的经验。

顶尖的高等教育系统的特点是众所周知的。亚洲拥有丰富的教育传统和世界上众多最优秀的学生，但在高等教育方面尚未发挥其潜力，这是有充分理由的。优秀的高等教育系统拥有多样性的机构，提供高质量的学术和职业选择，有许多相互联系的途径，提供激发学习的机会。至少，高质量的系统会不遗余力地开阔学生的思维，拓展他们的思考方式——这应是一个优秀高等教育系统的关键组织原则。最好的教育系统让学生在变化的世界中有机会获得创新技能并高效地生活，这样他们就能过上令人满意的生活。

毫无疑问，亚洲将继续在国际社会中发挥重要作用，但要在高等教育领域取得全球瞩目的地位，还需要更长的时间。如果亚洲能够利用自身的优势来解决其弱点，那么高等教育的庞大规模将产生巨大的全球影响。

至于大学、理工学院和研究型大学，日本、韩国、新加坡和中国香港地区都有世界一流大学的经验值得借鉴（Altbach & Salmi，2011）。北京、香港、首尔、新加坡、上海、台北和东京等城市的顶尖研究型科技大学，可以作为在亚洲其他新兴高科技城市创建高质量研究型大学的有用范例，这些新兴城市包括曼谷、班加罗尔、广州、河内、雅加达、吉隆坡、拉合尔和马尼拉等。在其他城市中心建设高质量大学方面，已经有了丰富的经验。亚洲高质量的大学为如何建设新院校以及如何加强现有机构的政策和规划提供了有价值的借鉴，这些院校以使命为中心，以市场为导向，并意识到机遇。

亚洲的许多研究型大学都是从注重良好教学的本科院校起步的，并在几十年的时间里逐渐成为世界一流的大学。一些新成立的学院和大学已经成为课程改革的催化剂。最好的已经成为以绩效为导向，并有外部审查机制对学术的三个方面进行评估，即教学、研究和知识交流（国内和国际）。

四、构思高水平研究型大学

想象一下，如果高质量研究型大学的数量增加两倍，对亚洲的未来以及亚洲对全球共同利益的贡献将意味着什么？亚洲的未来在很大程度上取决于其研究型大学能否提升科学技术的基础、应用以及发展研究的道德水平和执行能力，以及其研究型大学能否在组织上更具社会内在性，从而公平地提供获得高层次思维技能的学习机会，促进毕业生的就业和人民的健康生活。

亚洲最好的大学已经与工业界建立了可持续的合作。这些大学取得的进展特点为更多自治管理，并在其机构内部形成了共同管理的模式。针对如何在经济全球化的基础上促进国家发展，同时保留使其社会团结的基本价值，这些大学已找到答案。

亚洲各地的高质量研究型大学面临的几个挑战，包括：（1）保持和提升研究、教学和知识交流的质量；（2）提高课程的相关性，包括科学、技术、工程和数学（STEM）和技术技能；（3）建立跨学科的教学和研究项目；（4）在扩大入学机会与提高经济能力之间取得平衡；（5）与工业界、地区同行和私营部门建立伙伴关系；（6）利用技术中断的优势，提高组织反应能力；（7）更好地适应城市化、医疗保健、气候变化的挑战；（8）促进创新和创业文化。

五、亚洲研究型大学的定位

亚洲只有几所传统殖民大学，专注于精英本科教育的时代已经一去不复返了。进入 21 世纪以来，亚洲的大学震惊了学术界。2019 年，"泰晤士高等教育世界大学排名"（Times Higher Education World University Rankings）前 50 的大学中有 5 所来自亚洲（Times Higher Education，2018a）。世界排名前 200 的大学中有 10％是亚洲大学。按照这个速度，到 2025 年，世界上 1/5 最好的大学将会在亚洲(不包括澳大利亚)。对全球大学排名的关注始于 20 世纪 90 年代末,当时日本的大学已经相当成功,中国和韩国的 GDP 数据也令人印象深刻。随着中国、韩国的高等教育大众化,整个地区都致力于建设高质量的研究型大学,以提升全球竞争力。在亚洲排名前 25 位的大学中,有 12 所在中国,其中 5 所在中国香港地区。韩国有 7 所,日本(东京大学和京都大学)以及新加坡(新加坡国立大学和南洋大学)各有 2 所,以色列[特拉维夫大学(Tel Aviv University)]和沙特阿拉伯[阿卜杜勒阿齐兹国王大学(King Abdulaziz University)]各有 1 所上榜(Times Higher Education,2018b)。

亚洲研究型大学已不再仅限于小规模崛起。东南亚的大学研究了东亚地区和西方的大学。马来西亚决心确保其领先的大学像其东南亚邻国一样,加入全球精英行列。中亚[纳扎尔巴耶夫大学(Nazarbayev University)]和南亚也是如此,如印度科技学院[印度理工学院(Indian Institute of Technology)、印度科学学院(Indian Institute of Science)和贾瓦哈拉尔·尼赫鲁大学(Nehru University)]正在崛起。

亚洲各经济体能够迅速取得进展的原因在于：在增加对高质量研究型大学投资的同时,加快信息与通信技术基础设施投资。一些亚洲发展中国家和地区正在大力投资于高质量的研究型大学,包括东亚的中国;东南亚的印度尼西亚、马来西亚、菲律宾、泰国和越南;南亚的孟加拉国、印度、巴基斯坦和斯里兰卡;以及中亚的哈萨克斯坦、乌兹别克斯坦,等等。

六、领先的研究型大学：韩国、新加坡和中国香港特别行政区的案例

从低工资、低技能密集型产业向高收入和创新产业攀升(这反映出技术变革的加速和全球相互依存关系),中等收入国家必须更加依赖其高等教育系统,特别是其高质量的大学,以便向高收入社会过渡。进一步的增长有赖于提升高技能密集型产业的人力资本。

(一) 韩国

韩国早在 1970 年代就做到了这一点,建立了韩国科学技术研究院(Korea

Advanced Institute of Science and Technology)，以支持基础和应用研究。这使他们能够更好地投资于信息和通信技术产业，并最终在电信基础设施和使用方面取得进展。为了建立所需的人力资本基础，韩国进行了教育改革，将其高等教育系统与基于就业的培训联系起来。随着韩国的成功，它逐渐从政府对研究型大学的完全投资转变为公私共同投资，以推进知识经济。一个很好的例子是私立大学浦项科技大学(Pohang University of Science and Technology)，它已获得世界一流的排名。韩国科学技术研究院和浦项科技大学都是韩国庞大的学院和大学系统中不可或缺的一部分。

（二）新加坡

作为一个城市型国家，新加坡也有重要的经验教训。该国经历了一系列与其他国家类似的发展阶段，但规模较小，包括 20 世纪 60 年代的劳动密集型增长、70 年代的技能密集型增长、80 年代的资本密集型增长、90 年代的技术密集型增长，以及 2000 年以后以知识和创新为基础的经济增长(ADB，2014)。国家对技能、STEM、研发和大学投资，仔细区分任务，促进了高科技产业的发展。该国两所旗舰大学——新加坡国立大学和南洋理工大学，均跻身亚洲前五名。新加坡国立大学与美国耶鲁大学(the Yale University)建立了世界著名的人文教育项目，以培养学生更加全球化和日益创新的思维方式。南洋理工大学与阿里巴巴、宝马集团、劳斯莱斯、台达电子、ST 工程、SMRT、SingTel 和 Surbana Jurong 等大工业企业达成合作，数量创下新高。2009 年，新加坡更是建立了新加坡科技设计大学(Singapore University Design and Technology)等组织，进一步确认其未来发展。新加坡投入巨资提升职业教育，并资助跨国公司进行培训，提高劳动力的技能水平。与世界领先的教育机构建立伙伴关系，加强了人才库的可用性。

（三）中国香港特别行政区

中国香港特别行政区已成为推动中国大湾区发展的重要动力，大湾区发展规划旨在使中国华南地区成为世界领先的创新和科技中心。香港的研发投资仅占本地生产总值的 0.7%，但却成功地成为世界上拥有世界一流大学最多的城市。制造业的不足需要高质量的高等教育来弥补。中国政府从战略上把香港定位为全球知识中心，为包括深圳、广州、澳门和珠江三角洲 7 个城市在内的中国地区提供高质量的科技人才。从 20 世纪 90 年代开始，香港两所主要以本科学位为主的大学转型为研究型大学。与此同时，香港成立了一所新的科技大学，将5 所学院升格为大学，成立了一所开放大学，开放多所自费社区学院，颁发副学士学位，并首次宣布成立两所私立大学。为确保对大湾区发展规划的贡献，特区政府将把研发支出占本地生产总值的比例提高一倍。

七、充分利用重点建设计划：中国、日本和韩国的案例

一些国家政府投入了重点建设计划，以推动其旗舰大学和新成立的大学之间的竞争。进行这种投入计划的政府数量正在逐年增加。这些国家包括中国、丹麦、法国、德国、日本、俄罗斯、韩国和西班牙。他们注入了额外的资金，以提高其大学的业绩。这些举措对参与的大学及其高等教育体系产生了重大影响。亚洲地区最著名的有韩国的"智慧韩国计划"（Brain Korea）、日本的"21 世纪卓越研究中心"（21st-Century Centre of Excellence）以及中国的"211 工程""985 工程"和"双一流"工程。

这些举措推动了新一代大学的发展。最成功的大学升级和转型是建立在大胆的愿景之上的。更重要的是，他们的成功取决于领导层能否在追求学术卓越的过程中改变学术界的心态、信念和观念。

中国政府一直是推动重点建设计划的主要力量（Huang, et. al., 2014；Postiglione，2015）。1995 年，政府推出了"211 工程"，这一举措为那些有希望在学术和科学学科方面达到高标准的大学提供了额外的资源。1998 年随着经济的不断发展，中国抓住机遇推出了一项影响更为深远的卓越计划，即"985 工程"，该计划的目标是在 10 至 20 年内建设若干所世界一流大学和一批国际知名的高水平研究型大学（Postiglione，2014；Luo，2013；Rhodes et. al.，2014）。"985 工程"的主要原则是进行人事改革，完善内部管理，将人才培养与科学研究结合起来，通过加强学科建设搭建学术平台。1999～2007 年，政府资助了 39 所大学共计近 300 亿元人民币（45 亿美元）。2017 年底，中国启动了"双一流"（the Double World-Class）工程，旨在打造全球范围内的世界一流大学和一流学科，共有 42 所大学以及 95 所大学的 456 个学科入选。

对于亚洲来说，重要的是要考虑如何从这些卓越计划中吸取经验教训。在

大多数情况下，国际化是吸引学术人才来加强研究能力的一种方式。在所有情况下，这意味着减少或消除"近亲繁殖"（即雇用大学自己的毕业生）。

虽然评估重点建设计划的准确结果并不容易，但这些项目一旦经过战略设计与实施，其结果可能是令人惊叹的。在世界500强中中国大学增加了24所；澳大利亚、沙特阿拉伯等国家和地区也得以增加一流大学数量。日本和美国已经占据了榜单的主导地位，但十年来世界排名的大学数量有所减少。一些大学的排名扶摇直上，包括中国的上海交通大学和复旦大学、印度孟买的印度理工学院（Indian Institute of Technology in Bombay）、沙特阿拉伯的沙特国王大学（King Saud University in Saudi Arabia）、法国的艾克斯—马赛大学（University of Aix-Marseille in France）、以色列的以色列理工学院（Technion-Israel Institute of Technology in Israel）等。

在发展这些重点建设计划中，关键的创新是建立跨学科的卓越研究中心。经合组织对世界各国的重点建设计划进行审查发现，建立跨学科的卓越研究中心是最大的益处之一。这些中心得到了慷慨的资助，进行高影响/高风险的基础研究，通常与国际知名大学的著名科学家合作。

八、黄金标准：愿景、人才、资源、治理

（一）愿景

作为设定短期和长期目标以及战略规划的基础，一所高质量的大学需要立足于国家和地方的发展愿景，并得到所有利益相关者的承诺。这一愿景应该是明确的、可实现的和有目的的，以确定大学在国家、地区和全球范围内的使命的设计、目标和平衡。

对于一所新的学院和大学来说，愿景应表明如何将新机构置于其他机构之中。最重要的是，新院校的愿景必须使自己与其他机构区别开来。然而，它应确保在这样做的同时不冲击高等教育系统中的其他机构。

对于新建高校来说，愿景是立项的基础。对现有院校进行升级改造是一把双刃剑。在某些情况下，政府与大学的关系可能具有相当大的限制性，使大学难以挣脱束缚，以便进行必要的改革，确保质量。在其他情况下，国际化发展可以

为改革工作注入思想、动机和资源提供机会。即使政府不直接参与愿景和项目纲要的形成，它也将始终是"房间里的大象"，不应沦为发展型（新机构）或演变型（现有机构）进程的边缘。

（二）人才

学术专业是高校的核心，吸引人才将取决于与竞争对手相比所提供的条件。但高薪不是唯一条件，因为有才华的学者和科学家往往会舍弃更高的薪水来换取更好的工作环境。这些工作条件可以包括实验室和电脑等有形的福利，也可以包括学术自由和择优晋升等无形的福利。

对于一所新的高校来说，教师是否接受聘任，很大程度上取决于校长和各学术部门领导的学术声誉。校长也是因其社会和知识资本网络而被聘用的，他们可能要花许多力气来说服第一梯队的学者接受任命。这意味着提出的条件不仅要能与薪酬和医疗保险等相匹配，而且要能与学术基础设施相匹配。

在招聘高校领导时，猎头公司和遴选委员会应尽可能透明。被选中的个人必须能够赢得学术界的尊重，不仅要看领导经验，还要看其在某一研究领域的学术声誉。

对于一个新机构来说，聘请一个能够在"已知的未知"（known unknown）和"未知的未知"（unknown unknown）的环境中进行管理的领导是非常重要的。一个新机构需要一个在快速变化的环境中具有生存技能的领导。简而言之，在不确定的环境中工作的能力是必不可少的，同时也要有对新的组织结构进行即时决策的能力，这将会产生长期的影响。

就新建高校而言，有利的是有一个支持打破传统学术壁垒的愿景，以跨学科的方法建立一个利基点，并制定策略以推动与产业合作的伙伴关系。

（三）治理

共同治理和专业管理是相辅相成的，后者应服从于前者。有必要制定一些规章制度，这些规章制度不能过于烦琐，但要确保严格的责任制，保护学院和大学免受政治干预，确保学术和管理上的自主权。这样，竞争精神才有可能在学术和科研工作的各个方面蓬勃发展。学术事业，其产品对社会有益，且有充分的影响力。学术人员、学者和科学家的批判性思维和创新潜力必须不受限制。自主意味着灵活性，应从繁重的官僚主义和外部强加的标准中解脱出来。良好的治理具有灵活性，使其能够对经济和社会需求做出快速反应。

外部压力的唯一动机是控制，而这与机构质量是相悖的。如果机构治理有足够的包容性，让他们参与学院和大学社区中，那么多元化的利益相关者就是一种资源。在经济快速发展的情况下，要确保利益相关者推动机构的发展，同时又不扼杀机构的运作，这要靠有头脑和精明的高校领导。高质量的高校有自己的管理框架，可以创造和确保政治支持，并建立其有影响力的声誉。这可以通过大学外部的专家评审员网络来实现。这对新成立的大学尤为重要。专家网络可以帮助确保新机构不会远远偏离其最初的愿景和设计，同时为其提供有利的指导。

（四）资源和可持续筹资

在亚洲，资源和可持续的资金是必不可少的。亚洲的一流大学有幸得到了政府的慷慨资助，但任何高等教育机构都不应该期望政府的资金从天而降。政府的支持是一个重要的特征，是至关重要的，但如果成为一根拐杖，就可能是无济于事的。亚洲的情况与美国许多顶尖州立大学形成了鲜明对比，美国州立大学已从主要依赖政府财政，转变为减少年度经常性支出的州政府资金（一些州甚至减少了 10%～20%）。这使得它们变成了实际上是私立大学但名义上仍然是州立的大学。

亚洲的高等教育机构将有望在金融方面变得更加高效、更加具有创业精神和创新能力，建立一个健全的财政基础意味着要有竞争力，而不是受制于政府。捐赠、服务合同、公私合作和创新举措是竞争日益激烈的金融环境的一部分。为资源提供的资金必须是可持续的，以便进行未来的规划。无论是国家还是全球的经济衰退，都应在预料之中。在资金来源多种多样的环境下，各高校必须通过合法的审计确保严格的问责制，特别是在腐败问题严重的地方。

随着学院和大学越来越面向私营部门，必须确保这不会使该国贫困地区的学生处于不利地位。在一些国家，一些著名高校有一种趋势，即更广泛地向提供捐赠或捐助的家庭开放入学。"继承录取"（legacy admission）一旦开始，就很难停止。

虽然存在驱动因素、挑战和风险，但这四方面（愿景、人才、治理、资源）必须保持一致，从而使它们相互补充，而不是相互排斥。它们以这样或那样的方式适用于所有高等教育机构。这四个方面都是一个生态系统的组成部分，这个生态系统包括良好的宏观环境、强有力的国家领导、严格的监管和质量保证框架以及促进财务可持续性的激励机制。学院和大学的位置以及数字电信能力都很重要，这些能使其在全国范围内得到推广。但归根结底，要想保持势头，最关键的支柱是资金、自主权、问责制和尽可能吸引最好的人才。

九、就业能力排名与错位问题

《泰晤士高等教育》(*Times Higher Education*)每年发布的"全球大学就业能力排名"(Global University Employability Ranking)，根据对超过 22 个国家或地区的 7 000 名主要雇主的调查，列出就业能力排名前 150 名的院校。2018年，中国香港有 4 所大学进入年度排名：香港科技大学排名第 16 位，比 2017 年的第 12 位下降 4 位，在亚洲排名第 3，仅次于东京大学(第 9 位)和新加坡国立大学(第 10 位)；香港大学由 2017 年的 71 名攀升至 63 名；香港中文大学下滑 6 位至第 88 位。香港理工大学首次跻身前 150 名，排名第 137 位。报告显示，韩国在亚洲国家中进步最大，有 6 所大学跻身前 20 名，而 2011 年只有 1 所(Times Higher Education，2018)。

毕业生就业能力排名靠前的大学能为学生传授更高水平的技能。来自经合组织国家的证据显示，越来越多的毕业生受雇于知识密集型行业。这些毕业生的教育投资将获得更高的经济和社会回报。经合组织国家中，受过高等教育的人的失业率较低。在平均教育和技能分类指数方面，亚洲仅略高于经合组织平均分数的一半。亚洲不仅平均教育水平较低，而且高等教育质量较低，与劳动力市场的联系也较少。

为了缩小与发达经济体的差距，亚洲国家必须提高教育水平，以及科学家和工程师在人口中的比例。亚洲还有很长的路要走。最好的办法是提高高等教育的质量。除了增加入学人数外，还需要注重提高质量、相关性和技能发展。

提高质量的方法需要改变——新课程的发展需要：适应模块化、多渠道提供、适应终身学习。对于主修 STEM 领域的学生来说，强调软技能将有助于激发创新和创业能力。教育资格应当多样化，以提高职业技术教育和培训的地位。

高等教育多元化不仅仅意味着建立高质量的研究型大学，也意味着重新考虑学位课程的极其重要性。高质量的大学也可以提供由专业和继续教育学院主办的副学士学位。这可能包括符合国家和国际标准资格框架的技术资格。

目前，许多国家要求为学生提供灵活的服务，包括学分转换安排和参加教育课程的多种渠道。像越南、新加坡和韩国一样，提供副学士学位和以技能为基础终身学习的社区学院将加强职业技术教育与培训。

简而言之，高质量的大学应是一所具有包容性的大学，能够提供多样化的学历和能力，能够满足快速变化的职场中不同需求的市场。技术变革的加速和全球相互依存关系的加深，使得今天比过去任何时候都更有可能实现。

新的大学应拥有世界标准的研究中心和设计精巧的校园，可以满足各种需求，并能灵活地为特定经济部门提供必要的人才。这可以通过从零开始建立新机构、提升现有机构、与跨国机构合作或合并来实现。这些都有助于启动以全球标准和最佳做法为基准的研究和开发计划。在各级教育中需要更加注重科学、技术、工程和数学学科，以增加创新人才。

最引人注目的是，许多国家仍然低估了产学合作的潜力。这种合作是创新和技术商业孵化的基础。中国的香港、深圳等地已经制定了计划，将优质大学定位为横跨两地的科技园区。深圳经济特区科技园内的大疆无人机公司，就是采用了香港特别行政区一所大学的无人机创新技术。大学可以更加敏锐地了解那些能够推动创新、吸引风险投资者、创造新产品、支持学生创业的知识和技能。

十、区域合作

亚洲区域今后几年面临的挑战之一是建立互利的跨界伙伴关系和高质量的教学研究方案。那些拥有完善的、区域公认的研究型大学的国家可以通过教育和学术交流以及教学研究方案的合作，与其他国家的新兴大学建立有益的伙伴关系。随着高校之间对资金的竞争越来越激烈，伙伴关系就成为战略性的策略。有证据表明，当高校参与国内或国际合作项目时，效果最佳。亚洲的学院和大学领导人都有自己的联合体，专注于互利的问题，如学术交流和学生流动。这些都会带来意想不到的协同效应。高质量的学院和大学不分国籍，选择最优秀的人才，并想方设法留住他们，让他们融入大学社区，并为他们提供技术资源，使他们在教学和研究中发挥最大效能。

亚洲内部的高等教育合作仍处于起步阶段。技术变革的加速和区域间的相互依存关系可以帮助研究型大学更好地融入合作知识网络。

高质量的研究型大学有能力支撑经济全球化，促进地方和国家发展。实现这一目标的过程，需要各种致力于建设高质量研究型大学，致力于支持和推动经济发展的利益相关者的参与。在这些利益相关者中，有一些两栖企业家，他们可以搭建跨国桥梁，吸引资源，深化有意义的合作。这包括建立更紧密的区域内学术机构联盟，向亚洲邻国学习，同时减少对西方大学的盲从。

参考文献

Antonio, A., Astin, H., & Cress, C. (2000). Community service in higher education: A look at the nation's faculty. Review of Higher Education, 23(4), 373 - 398.

Asian Development Bank (2012). Regional Cooperation and Cross-Border Collaboration in Higher Education in Asia Ensuring that Everyone Wins. Retrieved August 20, 2020 from https://www.adb.org/sites/default/files/publication/29931/regional-cooperation-higher-education-asia.pdf.

Asian Development Bank (2014). Innovative Asia: Advancing the Knowledge Based Economy: The Next Policy Agenda. Manila: Asian Development Bank.

Asian Development Bank (2017). Key Indicators: Asia and the Pacific. Retrieved May 28, 2020 from https://www.adb.org/publications/key-indicators-asia-and-pacific-2017.

Huang, F., Finkelstein, M., & Rostan, M. (eds.) (2014). The Internationalization of the Academy. Springer Press.

Luo, Y. (2013). Building world-class universities in China. In Shin, J. C. Shin & Kehm, B. M. (eds.) Institutionalisation of World-Class University in Global Competition, 165 - 183. Dordrecht: Springer.

McKinsey and Company. (2015). The Forces Reshaping Asia. Retrieved May 28, 2020 from https://www.mckinsey.com/featured-insights/asia-pacific/no-ordinary-disruption-the-forces-reshaping-asia.

McKinsey and Company. (2017). Artificial Intellgence and Southeast Asia's Future. Retrieved May 28, 2020 from https://www.mckinsey.com/industries/social-sector/our-insights/how-higher-education-institutions-can-transform-themselves-using-advanced-analytics.

McKinsey and Company. (2018). How Higher Education Institutions Can Transform Themselves Using Advanced Analytics. Retrieved May 28, 2020 from https://www.mckinsey.com/industries/social-sector/our-insights/how-higher-education-institutions-can-transform-themselves-using-advanced-analytics#.

Microsoft. (2018). Digital Transformation to Contribute More than Us $ 1 Trillion To Asia Pacific GDP by 2021. Retrieved May 28，2020 from https：//news.microsoft.com/apac/2018/02/21/digital-transformation-to-contribute-more-than-us1 - trillion-to-asia-pacific-gdp-by-2021 - ai-is-primary-catalyst-for-further-growth/.

Postiglione，G.A. (2014). What matters in global outreach?. In Cheng，Y.，Wang，Q.，& Liu，N. C.（eds.）How World-Class Universities Affect Global Higher Education. Rotterdam：Sense Publishers.

Postiglione，G. A.（2015）. Research universities for national rejuvenation and global influence：China's search for a balanced model. Higher Education，70(2)，235 - 250.

Powell，Walter W and Stein Grodal (2005). Networks of Innovation. Handbook of Innovation. Oxford University Press.

Sharma，Y.（2014，September 12）. Can Asia lead the future global knowledge economy? University World News. Retrieved August 20，2020 from https：//www.universityworldnews.com/post.php?story＝2014091210432117.

Times Higher Education.（2018a）. Best Universities for Graduate Jobs：Global University Employability Ranking 2019. Retrieved May 28，2020 from https：//www.timeshighereducation.com/student/best-universities/best-universities-graduate-jobs-global-university-employability-ranking.

Times Higher Education.（2018b）. Asia University Rankings 2018. Retrieved May 28，2020 from https：//www.timeshighereducation.com/world-university-rankings/2018/regional-ranking♯!/page/0/length/25/sort_by/rank/sort_order/asc/cols/stats.

United Nations.（2019）. World Population Prospects：Highlights. Retrieved May 28，2020 from https：//www.un.org/development/desa/publications/world-population-prospects-2019 - highlights.html.

United Nations Population Fund（2000）State of World Population 2000：Living Together，Worlds Apart：Men and Women in a Time of Change. Retrieved May 20，2020 from https：//www.unfpa.org/publications/state-world-population-2000.

（林婕、王琪　译校）

第七章
转型期的世界一流大学政策与排名：中日比较研究

米泽彰纯（Akiyoshi Yonezawa）

日本东北大学（Tohoku University）

黄福涛

日本广岛大学（Hiroshima University）

一、引言

在东亚，支持世界一流大学发展的政策非常突出。政府和大学都在不断宣传他们在世界大学排名中取得更高名次所实施的战略（Hazelkorn，2016；Yudkevich et al.，2016）。但是我们可以公平地说，这些学校并没有宣称排名位置本身就是他们的最终目标。在获得国际社会高度认可的同时，这些大学期望吸引全球人才和资源，使其能够完成自身的使命，如对学术前沿的探究、通过知识创造和转移对社会和产业的贡献以及对各领域下一代领导者的培养等（Stensaker et al.，2019）。

国家政府依靠先进的科学技术推动社会经济发展，并认识到大学在通过知识创造和产学合作提高创新能力方面的作用。考虑到大学活动及其组织结构的高度复杂性，政府和产业界等外部利益相关者不断寻求便捷的工具来了解大学的绩效和投资价值。大学排名之所以经常被提及，是因为它们提供了易于获取且简洁的信息。大学排名也善于满足人们对信息的需求，以促进对大学的资助和合作。最近的排名制定了与大学在研究、与工业界合作和创新方面的业绩和影响有关的各种指标。

在这种情况下,东亚地区的两个主要国家——中国和日本——都将重点集中在发展世界一流大学的政策上。在本章中,我们将探讨这两个国家制定世界一流大学政策的背景理念和过程,以及他们的主要大学对这些国家政策的反应;分析和讨论两国大学、科学和技术政策中所体现出的不同理念。

二、世界一流大学政策的制定

(一)中国

中国政府于 1995 年启动了"211 工程",1998 年启动了"985 工程",这是中国最早明确提出的、旨在培养世界一流大学的政策。前者的目标是在 21 世纪初提高约 100 所大学和数百个学科的教育质量,后者的主要目标是从列入"211 工程"的大学中挑选出近 40 所大学,将其提升为具有国际影响力的研究型大学。这两个项目就其目标而言,已经取得了相当大的进展。值得注意的是,近年来,通过实施"985 工程",中国多所大学的国际声誉有了显著提高。

随着 20 世纪末以来中国高等教育的快速扩张和高等教育招生的大众化发展,及其在高等教育和其他研究领域全球竞争力的增强,中国政府于 2017 年 9 月启动了"双一流"建设计划。除了为数不多的几所新建大学外,所有 985 大学以及 3 所 211 大学都被纳入其中。这 42 所大学致力于成为世界一流大学(Huang,2015)。

与前两个项目有很大不同的是,"双一流"建设计划的目标不仅是建设世界一流大学,还将创建约 100 个世界一流学科。从本质上说,"双一流"计划旨在努力提高中国大学在世界范围内的声望,重点关注它们在研究方面的全球竞争力,并提高中国大学的教育活动质量。总的来说,"双一流"计划试图对科研与教学活动给予同样的重视。更重要的是,该计划的首要目标是提高中国高等教育的整体水平,使中国成为世界学习中心,提升中国高等教育的实力。通过这些努力,中国的软实力有望在 2050 年得到提升。

值得注意的是,该计划和以往一样,无论是高校还是列入项目的学科,都是由中央政府决定并认可的。在这种条件下,入选"双一流"计划的大学在地区分布上没有发生根本性的变化。

但我们也能看到该计划与前两个项目的不同之处。首先,"双一流"计划的目标更加宏大，即提升中国的软实力。其次，制定了更清晰的路线图。比如，将采取三大步骤来实现目标。另外，还非常强调中国特色和中国国情。比如，实施"双一流"计划的基本原则是，所涉及的大学和学科要扎根中国（解决中国问题，培养致力于社会主义建设的毕业生）。此外，该计划选择了众多与中国传统文化相关的学科，以及一些在中国有悠久历史的强势学科。做到这一点并不简单。

（二）日本

与中国类似，日本世界一流大学政策的发展历史也有近 20 年的时间。但这是通过各种类型的分段资助项目的组合来实现的。最早可见的政策实施是从支持研究单位的项目开始的［即 2002 年开始的"21 世纪卓越中心计划"（21st Century Centres of Excellence）和 2007 年开始的"全球卓越中心计划"（Global Centres of Excellence）］，2007 年开始的支持尖端研究机构的"世界顶级国际研究中心计划"（World Premier International Research Center）又对极少数研究机构进行了选择性的支持。另外，还有一系列项目资金支持发展"具有全球竞争力"的大学，如 2009 年启动的"全球 30 计划"（Global 30 Project），以及 2014 年开始实施的"超级国际化大学计划"（Top Global University Project），其重点是提升入选大学的国际形象，而不是为其研究活动提供直接支持。此外，2013 年启动的"促进提升研究型大学方案"旨在加强研究型大学的管理能力（Yonezawa & Shimmi，2016）。

直到最近，日本政府才开始确定官方机构类别，以区分各国立大学的职能。2017 年，政府在国立大学部门中设立了一个名为"指定国立大学"（Designated National University）的杰出类别（Yonezawa，2018）。到目前为止，东京大学、京都大学、东北大学、东京工业大学、名古屋大学、大阪大学和一桥大学等 7 所大学已被批准为"指定国立大学"。另有 3 所大学作为"指定国立大学"的候选者正在接受审核。

与其他对世界一流大学部分方面进行资源投入的资助项目不同，"指定国立大学"计划赋予入选的国立大学杰出的法律地位。二战后，日本所有国立大学无论其历史渊源如何，如"帝国大学"或"理工学院"，都在平等的法律地位下运作。因此，"指定国立大学"这一殊荣的授予本身就被认为是一项重大的政策变革。在 86 所国立大学中，入选的 7 所指定国立大学有望从全校角度出发，通过制定政策来提升国际竞争力，主要是积极致力于与产业界的合作，促进知识创造以实现创新等举措。然而，目前政府只提供了少量的"启动"资金，预计这些国立大学可能会从非政府来源获得更多收入。

另一个不同之处是，指定国立大学计划是作为一个内阁项目启动的。除了文部科学省外，内阁府下属的处理科学、技术和创新政策的综合科学技术创新委员会也大量参与了"指定国立大学"计划的决策制定（Yonezawa，2019）。

在"指定国立大学"中，解除对大学行政管理的管制是为了推进能力建设，以提高这些参与全球竞争的大学的自主权。在遴选"指定国立大学的"候选学校时，主要以量化的绩效指标为基础，这些指标大多与卓越研究有关。然而，专家委员会（包括国际专家小组成员）的审查更注重机构能力，以建立成为具有全球竞争力的大学的战略方针。但是，即使包含启动资金而言，入选"指定国立大学"计划的直接经济奖励相当有限。该计划依靠大学自身的努力来创收。

为获得批准，每所大学都制定了提升自身全球竞争力的战略计划，特别是注重创收能力和通过创新为社会发展作出贡献方面的能力。政府密切监管这些战略计划和路线图的进展情况。"指定国立大学"也需提交他们如何提高大学排名位置的计划，这些计划将受到审查和监督，但政府并未给予这些学校明确的财政支持来应对这些挑战。

三、案例研究

在本章中，我们将考察分析 2 所入选这些新"世界一流大学"计划的大学，即中国的北京大学和日本的东北大学（Tohoku University）。

（一）中国：北京大学

北京大学成立于 1898 年，是中国近现代第一所国立综合性大学。最初它被称为京师大学堂，1912 年改为现名。北京大学是中国顶尖的大学之一，在 20 世纪初受到德国研究型大学思想的影响，到 1949 年中华人民共和国成立时，也受到美国教育理念模式的影响。20 世纪 50 年代初，与中国其他大学一样，仿照苏联的模式进行调整。自 20 世纪 70 年代末中国改革开放以来，成为最具代表性的研究型、综合性大学之一。1994 年，北京大学入选"211 工程"首批进行重点建设的两所大学之一（另一所是清华大学）。在其建校 100 周年之际，1998 年 5 月 4 日，中国政府宣布中国要在 21 世纪前建成几所世界一流大学，以提高中国高等教育的质量和国际声誉，因此制定并实施了"985 工程"。北京大学是首批列入"985 工程"的大学之一。后来又于 2017 年 9 月入选了政府启动的"双一流"计划建设高校的名单。北京大学有 41 个学科将得到"双一流"计划的重点支持和资助，从而发展成为世界一流大学与学科。就此而言，它受资助的学科数量比其他入选的大学都多。如前所述，"双一流"项目的目的是到 2050 年底，在世界范围内建设众多的中国"一流大学"和"一流学科"。与其他 41 所入选的大学一样，北京大学也制定了相关的战略，以实现自己的目标，成为一流大学，培养一流学科。

在 2017 年 12 月 28 日发布的《北京大学建设世界一流大学规划》的基本原则中，该校确定了推动学校成为一流大学所要达到的五大任务和要求。规划的基本原则强调了两点：一个是把培育诚信、促进人的全面发展作为教育的根本任务；另一个是在推动成为一流大学的同时，继续强调北京大学是一所具有中国特色的院校。在具体目标上，规划提出了未来几年要采取的三个步骤：一是到 2020 年，整体建成世界一流大学，部分学科跻身世界一流大学前列，计划重点建设 30 个国内领先、世界一流的学科。二是到 2030 年，整体水平处于世界一流大学前列，一批学科跻身世界一流大学行列，将大力培育理学科学、信息与工程、人文、社会科学、经济与管理、医学六大综合学科交叉群，推动战略性、全局性、前瞻性问题研究。三是到 2048 年，成为顶尖的世界一流大学，主流学科在世界一流大学中处于领先地位。

为实现上述目标，规划提出以下建议：第一，加强党的领导，落实党的十九大确定的新时代党的总目标，构建党统一领导的协作体系，形成党政部门分工明确的工作格局（Huang，2017a），成立北京大学"双一流"建设领导小组和专家委员会；第二，成立专门的指定组织，从制度层面激励和协调北京大学成为世界一流大学的进程；第三，加强基于绩效的评价体系；第四，营造校园氛围，让全体学者和行政人员都为实现这一目标而努力。

此外，该大学还计划在教学和研究活动中采取更多特别措施，并进行有效改革，以实现其目标。例如，它将建立一个综合和多样化的教育和培训体系，将普通学习与专业课程结合起来，并激励全校范围内的自由选修制度，使所有本科生都能在学院内自由选择学习专业。同时，推动形成专业教育和学术研究两种不同的博士生教育培养模式。在教师招聘和评价方面，学校将实行终身制，吸引世界一流人才，提高教师的国际竞争力，改革教师评价体系，制定具有国际竞争力的薪酬和奖励计划体系。其他改革还包括在预算分配、教育和培训学生、支持应用和跨学科领域或课程的发展等方面，给予个别部门或学院更大的自主权。更重要的是，与其他一流理工科大学不同，它的目标是构建基于中国特色社会主义实践的哲学社会科学体系。比如，以马克思主义为指导，坚持文化自信，激发中华优秀文化进一步发展，构建中国精神、中国价值、中国力量，加强马克思主义理论的学科建设，努力形成中国理论，然后用这个理论研究、阐释、解决中国问题。

（二）日本：东北大学

东北大学成立于 1907 年，是日本第三所帝国大学。在其 110 多年的历史中，东北大学一直保持着日本乃至亚洲顶尖大学的地位。在申请成为"指定国立大学"的文件中，该校深入地体现了它的体制背景，比如学校针对女性教师、国际学者、学生等广泛人群的开放政策传统，以及以实践为导向的研究。东北大学位于 2011 年东日本大地震和海啸的受灾地区，作为该地区的旗舰大学，率先为减灾和灾后恢复作出贡献。

在组织结构上，东北大学具有以学科为基础的学术传统，涵盖了人文、社会科学、自然科学、工学、医学等所有主要领域。在这些学院和系的基础上，东北大学还发展了材料科学、电气工程、灾害科学等各种研究机构。特别是 2007 年成立的材料科学高等研究所（Advanced Institute for Material Research），为吸引国际人才，实现 100％的英语授课，形成多学科的尖端研究群体。在全校跨学科合作研究的传统下，东北大学提出了研究创新和高级研究的三层体系，如图 7.1所示。在最底层，基础学科群是学术活动的基础。这意味着尊重和利用以系为单位的学术单位，大多具有浓厚的学科基础学术传统；在中间层，跨学科研究联盟层推进跨部门跨学科研究；在顶层，世界领先的研究中心生产最高水平的研究成果，是高级研究的"明星组织"。

另外，东北大学还对各学术领域进行了综合分析，确定了优先推进 4 个研究领域的世界一流研究中心和 9 个领域的国际研究集群与其他 5 个强势领域的建设，如图 7.2 所示。东北大学在基础领域具有较强国际影响力，正尝试将资源投入灾害科学、下一代医疗、数据科学、日语研究等新兴领域。

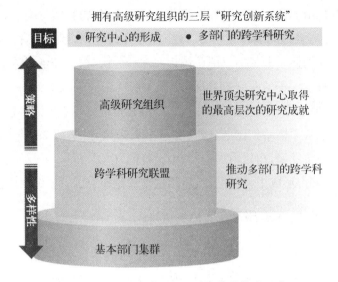

图7.1　研究中心与系统改革的策略形成

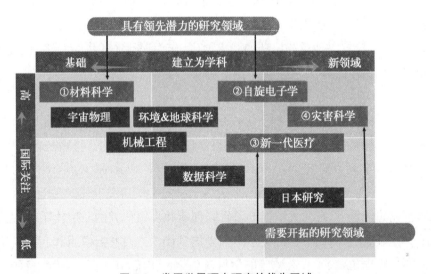

图7.2　发展世界顶尖研究的优先区域

　　如图7.3所示，通过对跨学科新兴研究领域的投入，东北大学以培养未来世界领袖的教育、优秀的研究、产业与社会之间的价值共创为目标，建立起具有全球视野的建设性关系。这一理念与政府制定的"指定国立大学"计划的总体目的是一致的，即以前沿科学、技术和创新为基础，实现具有全球竞争力的研究型大学和社会的共同发展（Yonezawa et.al.，2019）。

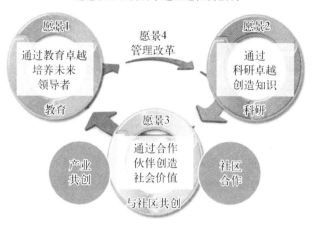

图 7.3　东北大学愿景 2030

四、讨论

中日两国建设世界一流大学的方法完全不同。在国家政策上，中国政府强调以学科为基础的能力建设，确定了支持成为世界一流的部门以及机构名单；而日本政府则注重全机构、跨学科的方式，通过与产业界的合作来刺激创新。

中国现有资源和高技能人才的急剧增加，促使中国大学对包括基础科学在内的学科研究进行大规模投入。这种做法对提高中国大学在当前全球排名产生了直接影响，因为这些排名强调的是由研究出版物和引文决定的研究绩效。最近基于学科的排名发展趋势也令人鼓舞，因为这支持了发展以学科为基础的世界一流大学政策。

相比之下，在日本，由于教育财政拮据、人口老龄化等问题，政府和大学不能再指望大幅度增加对大学的公共资助。因此，通过参与开放式创新，与产业界和企业建立密切的联系和合作关系，是吸引大学投资活动比较现实的做法。从政府、产业界和纳税人的角度看，在知识创造的基础上，通过创新建立大学与产业界共同发展的良性循环是可取的，也是有吸引力的。在这里，跨学科的方式受到青睐，在新出现的与创新有关的排名和指标中，日本大学处于相对较好的位置。

不过，两国之间也有一些相似之处。两国都在加强国家自上而下的承诺，从而制定世界一流大学的政策。这也许是它们最重要的共同点之一。同时，选择这些大学显然也是为了实现国家增加一流大学数量的雄心。此外，这两个国家都为实现其目标制定了明确的路线图或行动计划。

在中国，"双一流"计划也将采取三步走来实现目标。第一步，到2020年，中国若干大学和部分学科跻身世界一流行列，若干学科进入世界一流学科前列。第二步，到2030年，将有更多的大学和学科进入世界一流行列，其中有几所大学将在世界一流大学排名中名列前茅，而有一批学科将进入世界一流学科前列。此外，国家高等教育的整体质量将有显著提高。第三步，到2050年，中国世界一流大学和学科的数量将大规模增加，这些世界一流大学和学科将在世界一流大学排名中名列前茅。中国也将成为高等教育强国。

在日本，前首相安倍晋三的政府制定了一项计划，即到21世纪20年代中期，日本将有10所大学进入世界百强。"指定国立大学"计划与这一国家目标相联系，并要求各入选该计划的大学明确制定实现高排名的计划和路线图。但在这里，更多强调的是院校层面的排名，而不一定是学科层面的排名。也就是说，在选择和监督的过程中，大学被要求确定自己的强项和弱项，并表明它们计划如何发展平衡的学术形象，以成为综合性研究型大学。

在中国，列入"双一流"计划的大学和学科都是经过教育部评估的。其中包含了一些国家战略和需求、国家层面的大学分布现状以及区域发展等因素。

在日本，"指定国立大学"的遴选分为两个步骤：一是根据研究业绩的量化指标筛选候选大学；二是提交战略计划，并由遴选委员会进行面试，其中也包括国际成员。在第一阶段，只有7所大学入围，其中3所大学相继入选，其他4所大学后来获批。入围名单显然是以自上而下的方式决定的，文部省确确实实遵循了这一遴选方案的设计原则。

另外，中国强调中国特色和中国国情。换句话说，实施"双一流"计划的基本原则是，所涉及的大学和学科仍然扎根于中国。在促进新学科特别是硬科学发展的同时，中国也将支持具有中国特色的学科。在日本，更多强调的是国家在科技创新方面的竞争力，所以研究型大学被认为是经济推动力的关键工具。同时，要求各大学就如何加强人文社会科学教育和研究明确思路（Huang，2017b）。

五、对政策和实践的影响

本章最后分析中日建设世界一流大学的政策含义对别国的启示。

（一）从中国的角度看

中国的案例主要可以得出以下启示：

第一，建设世界一流大学和学科涉及各利益相关方，需要大量的资金投入和地方政府及社会不同领域的大力支持。因此，在中央政府、地方政府、大学和工商界以及其他利益相关方之间建立强有力的伙伴关系和合作关系是至关重要的。

第二，与"211 工程"和"985 工程"不同，建设世界一流学科构成了 2017 年中国"双一流"计划的新目标。除了科研活动外，提高重点学科的质量和国际竞争力也是完成这些目标的关键。

第三，在争创一流大学和学科的目标中，校园文化和共识很重要，因为如果没有学者与行政人员共同朝同一个方向努力，这些目标就无法实现。

第四，机构领导力也很重要，各个大学特别是其机构的领导需要有明确而现实的目标以及称职的领导力，并能建立令人普遍接受的评价体系和反映校园文化的治理安排。最后，最重要的是培养一流的毕业生和取得国际公认的研究成果。

（二）从日本的角度看

日本政府和一流大学所要做的，就是通过人才培养和知识创造两个方面，形成大学与社会生态系统发展的良性循环。在这里，大学的治理和管理改革是关键。当今的世界一流大学要在领导能力与管理能力方面不断发展，以满足社会需求并吸引公共与私人资源。在国家预算的严重限制下，整个高等教育系统的公共经费不可能增加。因此，要想成为世界一流大学，高等教育经费向一流大学集中或许是维持或提高顶尖大学经费水平的唯一选择。确定一个卓越的目标是第一步。但是，除了强调全国范围内的协作精神外，要实现整个社会预期发展的良性循环，其实际过程尚不明确。尽管如此，内阁府确实在促进大学、政府、产业界的最高领导人之间的对话。

参考文献

Hazelkorn, E. (ed.) (2016). Global Rankings and the Geopolitics of Higher Education: Understanding the Influence and Impact of Rankings on Higher Education, Policy And Society. London: Routledge.

Huang, F. (2015). Building the world-class research universities: A case study of China. Higher Education, 70(2): 203 - 215. Retrieved March 25, 2020 from https://doi: 10.1007/s10734 - 015 - 9876 - 8.

Huang, F. (2017a). Who leads China's leading universities? Studies in Higher Education, 42(1): 79 - 96. Retrieved March 25, 2020 from https://doi: 10.1080/03075079.2015.1034265.

Huang, F. (2017b, September. 29). Double World-class Project has more ambitious aims. University World News (476). Retrieved March 25 2020 from https://www.universityworldnews.com/post.php?story=2017092913334471.

Stensaker, B. et. al. (2019). Stratified university strategies: The shaping of institutional legitimacy in a global perspective. The Journal of Higher Education, 90: 539 - 562. Retrieved March 25, 2020 from https://doi: 10.1080/00221546.2018.1513306.

Yonezawa, A. (2018). Japan: World-class universities for social innovation. International Higher Education, 96: 21 - 23. Retrieved March 25 2020 from https://doi.org/10.6017/ihe.2019.96.10779.

Yonezawa, A. (2019). National university reforms introduced by the Japanese government. In Wan, C.D., Lee, M.N.N., & Loke, H.Y. (eds.) The Governance and Management of Universities In Asia: Global Influences and Local Responses, 81 - 93. London: Routledge.

Yonezawa, A., Hammond, C.D., Brotherhood, T., Kitamura, M., & Kitagawa, F. (2019). Evolutions in knowledge production policy and practice in Japan: A case study of an interdisciplinary research institute for disaster science. Journal of Higher Education Policy and Management, 42(2): 230 - 244. Retrieved March 25, 2020 from https://doi: 10.1080/1360080X.2019.1701850.

Yonezawa, A., & Shimmi, Y. (2016). Transformation of university governance through internationalization. In Liu, N.C., Cheng, Y., & Wang, Q. (eds.) Matching Visibility and Performance, 103 - 118. Rotterdam: Sense Publishers.

Yudkevich, M., Altbach, P.G., & Rumbley, L.E. (eds). (2016). The Global Academic Rankings Game: Changing Institutional Policy, Practice, and Academic Life. London: Routledge.

（林婕、王琪　译校）

第八章
中国大学发展之路与未来战略

林忠钦

中国·上海交通大学

一、中国高等教育的快速发展

自改革开放以来,中国高等教育的发展主要可以分为三个阶段。第一个阶段的标志是 1977 年中国高等教育恢复秩序,提出"尊重知识、尊重人才"的发展主旨,主要任务是"教育要面向现代化、面向世界、面向未来"。此阶段的重要事件包括:1977 年冬季中国恢复高等教育招生考试,1978 年先后召开全国科学大会和全国教育工作会议,1985 年发布《中共中央关于教育体制改革的决定》等,涉及重整高校教师队伍,发布专业目录,恢复和改善高校教学资源条件,构建学士、硕士和博士学位体系,开启中外教育交流等举措。

第二个阶段的标志是 1995 年中国逐渐开始推进高水平大学和重点学科建设,提出"科教兴国"的发展主旨,主要任务是"将教育作为振兴民族的希望,不断推进教育创新"。此阶段的重要事件包括:1995 年发布《"211 工程"总体建设规划》、启动"211 工程"的重点建设计划,1999 年发布《面向 21 世纪教育振兴行动计划》、启动"985 工程"的重点建设计划等,涉及强化大学的科学研究功能、改革高校人事制度、合并综合性大学、高等教育扩招、推进高等教育国际化等举措。

第三个阶段的标志是 2015 年中国开始进一步推进一流大学和一流学科建设,提出"立德树人"的发展主旨,主要任务是"面向世界科技前沿,面向国民经济主战场,面向国家重大需求"。此阶段的重要事件包括:2015 年发布《统筹推进世界一流大学和一流学科建设总体方案》,2017 年发布党的十九大报告《决胜全

面建成小康社会 夺取新时代中国特色社会主义伟大胜利》等，涉及明确提出中国高等教育发展的目标，要求加快一流大学和一流学科建设，实现高等教育内涵式发展，到 21 世纪中叶时，一流大学和一流学科的数量及实力进入世界前列，基本建成高等教育强国。

（一）快速发展的视角

当前，中国已建成世界上规模最大的高等教育体系，成为名副其实的高等教育大国，高等教育迅速从大众化迈向普及化阶段，同时高校创新能力、国际影响力和声誉都在显著提升。

中国普通高校数、高校的毛入学率、普通高校在校生数、研究生在校生数等逐年快速增长，其中高等教育的毛入学率从 1978 年的 1.6％增长至 2018 年的48.1％，高等教育学历人口优势正在不断取代廉价劳动力成本优势。中国对世界高等教育格局的影响日益增强，改革开放四十年来出国留学生总数超过 500万，成为世界第一的留学生生源国，每年出国留学人员数量从 1978 年的数千人增长至 2018 年的超过 66 万人。在出国留学人数持续走高的同时，中国还成为仅次于美国、澳大利亚和加拿大的世界第四大留学目的国。

中国高校的创新能力快速提升，高校科技论文发表数成倍增长，SCI 收录的中国科技论文篇数增长了 20 倍，占全球论文总数的比例增长了 10 倍，收录的篇数持续十年位居世界第二。在论文数量达到世界第二后，加快提升论文质量成为中国高校的主要任务。基于 InCites 数据库的学科标准化论文引用影响指数(Category Normalizaed Citation Impact，CNCI)显示，中国大部分高校 CNCI 低于全球基准。不过近十年来，C9 高校全部超过了全球基准，"211 工程"建设高校的平均值也超过了全球基准，全国高校中有 189 所超过全球基准，比三十年前增长了 6 倍。

随着创新能力的提升，中国高校的国际影响力和声誉也在不断提升。中国高校近十五年来的世界排名显著提升，以 2003 年全球首个多指标世界大学排名"世界大学学术排名"为例，中国入围世界前 200 的高校由 2003 年的零所增长到2020 年的 22 所；进入"世界大学学术排名"排名前 500 的学校数量同样逐渐增长，2020 年已有 71 所学校入围，位居世界第 2 位(美国以 133 所居第 1 位)。考虑其他全球排名(如"泰晤士高等教育世界大学排名""QS 世界大学排名"和"美国新闻与世界报道"的排名），清华大学和北京大学均进入世界百强，复旦大学、上海交通大学、浙江大学、中国科学技术大学等也在多个排名进入世界百强。在学科的国际影响力上，工学和理学学科表现强势，入围世界前 50 名的学科数较高，其他学科门类还有待发展。虽然中国高校在培养规模、知识创造和国际影响上有明显发展，但还不足以成为伟大的学校，并不能引领世界的变化，未来还有很长的发展之路要走。

（二）快速发展的原因

中国高等教育能够实现快速发展的一个核心因素是政府给予的战略性支撑。在国家规划层面，中国将教育作为全局性的国家战略，提出了科教兴国、人才强国、创新驱动发展、优先发展教育等主要战略。在国家政策层面，中国推出了一系列长期推进的重大举措，包括"211 工程""985 工程""双一流"等重点大学建设计划，"863"计划、"973"计划、国家重点研发计划、国家重大专项、自然科学基金等重大科研计划，"国家重大科学设施""国家重点实验室""省部级重点实验室"等重大平台规划。除了战略地位和政策支持，进入 21 世纪以来，中国政府对高校的教育和科研经费投入都已增长了 10 倍以上，国家财政性高等教育经费从 2000 年 564 亿元人民币增长至 2019 年的 13 464 亿，高校科技经费收入从 2000 年的 76 亿元人民币增长至 2018 年的 1 457 亿。另一个核心因素是民众对教育的高度重视。中国民众普遍相信教育能够改变普通人的命运以及帮助家庭摆脱贫困。多项调查显示，中国民众的教育消费意愿一直呈现上升趋势，随着消费水平的提高，教育消费俨然超过住房、保健养生等，可以说是中国民众最舍得花钱的项目。中国民众对教育具有强烈的信念和高度的重视，认为教育是通往文明社会的桥梁，这一传统文化特征同样是推动中国教育和高等教育快速发展的重要力量。

二、上海交通大学过去二十年的规划与发展

（一）上海交通大学的基本情况

上海交通大学是中国历史悠久、享誉海内外的著名高等学府之一。自建校以来培养了一大批优秀校友，包括著名学者钱学森、吴文俊、徐光宪，爱国英雄王正毅

等。现有在校学生近 4 万人，其中本科生约 1.6 万人、硕士生约 1.6 万人、博士生约 8 000 人，专职教师约 3 000 人。2019 年财政收入达 138 亿元，其中教育投入近 62 亿元，科研投入近 42 亿元。学校已发展成为一所包括 10 个工科类学院、5 个理科类学院、4 个生命科学类学院、12 个人文社会科学类学院的综合性大学。在专业设置上，本科专业有 67 个、一级学科硕士点 56 个、一级学科博士点 47 个。ESI 国际排名中有 1 个学科进入 1‰，7 个进入 1‰，19 个学科进入 1%；第四轮全国一级学科评估中，有 5 个一级学科为 A＋级、10 个学科评为 A 级、10 个学科为 A－级。

上海交通大学坚持科学规划，每五年开展一次规划设计，扎实推进学校的世界一流大学建设工作。从"十五"到"十三五"的二十年来，每次都围绕不同主题开展："十五"规划的建设重点是"填谷补缺、资源驱动"，"十一五"规划的建设重点是"数量提升、指标驱动"，"十二五"规划的建设重点是"数质并重、目标驱动"，"十三五"规划的建设重点是"质量为先、使命驱动"（见图 8.1）。近十年来，上海交通大学开展了一场接续奋斗的再创业。围绕"学科结构综合性、价值定位研究型、发展路径国际化"的办学定位，坚定推进人才强校与国际化战略，相继开展了着力推进规划落地、逐步完善学科布局、不断提高学术要求、加强关键绩效激励、大力建设科研基地、探索实践办学特区等主要举措，在人才培养、师资队伍、学科建设、科学研究、国际化办学、大学治理等六个方面取得显著成效。

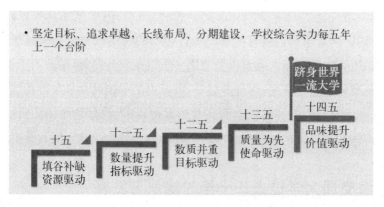

图 8.1　上海交通大学过去二十年的战略规划重点

（二）规划指引下上海交通大学二十年来的发展

关于学校的人才培养，"十五"期间以调整人才培养结构为主题，主要优化了研究生与本科生比例等;"十一五"期间以提高人才培养质量为主题,主要提升了研究生生源质量、优秀博士论文数量等;"十二五"期间以提升人才培养国际化水平为主题,主要提升了海外游学比例、留学生数量等;"十三五"期间以立德树人、落实"四位一体"育人理念为主题,主要提升就业引导、留学生质量等。经过二十年的发展,一是学生结构和质量不断优化,2019年研究生与本科生之比是2001年的3倍,留学生规模和结构都在逐步优化,2019年学位留学生人数是2001年的5倍。二是人才培养的模式不断创新,为了中国学生不出国门就能享受世界一流的高等教育,陆续推行了本科生研究计划,成立了致远学院并实施基础学科拔尖人才计划,成立了ACM试点班、IEEE试点班、钱学森班,设置了致远荣誉计划,推进了"学在交大"改革、高水平就业,全面开展在线教学等。"选择交大,就选择了责任"的价值得到了广泛认可和践行。

关于学校的师资队伍建设,"十五"期间以提升专任教师队伍的学位和职称结构为主题,主要提升了博士教师、高级职称教师的比例等;"十一五"期间以提升专任教师国际化水平为主题,主要构建了引进和培育并进的人才金字塔体系;"十二五"期间以高水平师资队伍建设为主题,主要推行引进海外高水平人才计划;"十三五"期间以师资队伍创新能力全面提升作为主题,主要推行荣誉和长聘体系的高层次人才队伍。经过二十年的发展,一是师资队伍结构持续优化,2019年拥有博士学位的专任教师比例是2001年的近3倍,2019年拥有海外博士学位的专任教师比例是2001年的近5倍。长聘体系师资队伍初步建成,高层次人才成倍增长,荣誉和长聘体系教师总数超过1 000人。博士后队伍超过1 000人,成为长聘教职蓄水池。二是多维度人才发展的机制日益完善,实施了完善师资队伍、多元评价、分类发展等人事制度改革,形成了师资队伍、研究队伍、支撑队伍、管理队伍和思政队伍等五大类人才体系。

关于学校的学科建设,"十五"期间以强化学科综合布局为主题,主要加强了文科、医科类学科布点;"十一五"期间以着力加强主干学科建设为主题,主要优化了学科布局;"十二五"期间以文理跃升、实现学科板块均衡发展为主题,主要提升了一级学科评估排名;"十三五"期间以促进交叉、构建学科发展生态体系为主题,主要提升了ESI千分之一学科数、优质学科比例等。经过二十年的发展,学科布局与结构不断优化,建设了覆盖理工医文四大板块的一级学科56个,拥有10个学科门类的一级学科博士点47个。学校的学科高峰日益凸显,有17个学科入选"双一流"学科，在第四轮学科评估中有 25 个 A 类学科。若干学科跻身世界一流，ESI 的学科综合排名从 2011 年的全球第 344 名跃升至第 92 名。

关于学校的科学研究发展，"十五"期间以科学研究规模为主题，主要提升了国际刊物论文的数量；"十一五"期间以科学研究竞争力为主题，主要提升了论文被引总量、自然科学基金项目数等；"十二五"期间以科学研究水平和质量为主题，主要提升篇均被引、重大科研项目等；"十三五"期间以科学研究影响力为主题，主要提升顶尖期刊论文数、高被引论文数等。经过二十年的发展，一是科研项目稳步增长，自 2010 年以来，国家自然科学基金项目数连续十年保持全国第一，国家社科基金立项数持续增长。二是高水平论文数量大幅提升，《自然》（Nature）、《科学》（Sience）、《细胞》（Cell）、《美国国家科学院院刊》（PNAS）等刊物上的发文量从 2001 年的零星发表增长到近几年的每年数十篇。三是国家科技奖实现重大突破，期间总计获得国家科技三大奖 93 项（包括 1 项国家科技进步特等奖），人文社科优秀成果奖 72 项。

关于学校的国际化办学，"十五"期间以积极开展国际合作为主题，主要推行走出去、引进来的政策；"十一五"期间以国际化办学拓展为主题，主要开展实质性国际合作办学；"十二五"期间以提升中外合作办学质量为主题，主要推动聚焦对等，与顶尖大学合作；"十三五"期间以全球布局、建设海外中心为主题，主要全面提升国际声誉和影响力。经过二十年的发展，一是学校的国际合作办学持续拓展，2000 年与密西根大学合作办学，2006 年成立密西根学院，成为国际合作办学的典范；2012 年与巴黎高科合办学院，2016 年被中法两国政府评为中法大学合作优秀项目，2017 年与莫斯科航空学院合办中俄联合研究院。二是国际合作全方位开展，涉及联合授予博士学位、双学位合作、国际科研合作、国际合作论文等多种方式。

过去 20 年，学校按照"三步走"的战略蓝图，持续接力、不断跨越，核心竞争力、办学实力与国内地位、国际影响力均大幅提升，逐步跻身世界一流大学行列，圆满完成"三步走"中的前两步战略目标，为第三步"全面提升、整体一流"奠定了坚实的基础。学校强化了立德树人、价值引领的核心地位，形成了特色鲜明的拔尖创新人才培养体系，汇聚了一批具有国际水准的高水平师资，建成了若干世界一流的优势学科和学科群，产出了一批有重大影响力的科技创新成果，构建了具有交大特色的国际化办学体系，探索了中国特色的世界一流大学治理模式。

三、面向未来的发展战略

（一）面临的形势与存在的问题

世界处于百年未有之大变局。在全球经济同步放缓、经济下行压力持续加大、财政性教育经费受到影响,贸易壁垒和地缘政治局势加剧导致国际交流合作困难倍增的背景下,需要积极寻找一条新的全球化发展道路。掌握核心技术是综合国力的重要标志,关键技术受限让重大基础研究、技术攻关的紧迫性前所未有。与此同时,新一代信息技术、人工智能数字经济等不断催生更多产业,新一轮科技革命和产业变革正在重构全球创新版图。数字化、网络化、智能化融合发展正深度改变原有的工作、学习、生活方式,中国新型基础设施建设正在加速推进、培育发展新动能。

建设世界顶尖大学是时代赋予中国高校的责任与使命。中国各领域发展进入新时代：中国社会的主要矛盾已经转化为人民日益增长的美好生活需要和不平衡不充分发展之间的矛盾；中国经济由高速增长阶段转向高质量发展阶段,由经济大国向经济强国转型；中国科技要实现以创新为引领发展的第一动力,推动我国整体科技水平的战略性转变。在这种新形势下亟待在关键领域、"卡脖子"技术方面取得重大突破。大学要更好地通过科技和教育服务国家和全球,把立德树人渗透到教育各环节和领域中；深化科技体制改革,着力激发创新活力,提升创新体系效能；以服务经济社会发展为导向,加强支撑社会发展。建设世界顶尖大学是时代赋予中国大学的责任与使命,以人才培养为根本,未来 30 年中国的一流大学将加快具有中国特色的世界一流大学建设,扎根中国,走向世界。

上海交通大学目前仍存在不少不足和问题。近几年学校持续快速发展,取得了显著的成就,在世界主要大学排名中均有突出的表现,基本上在百强上下浮动。值得注意的是,虽然学校发展势头强劲,但距离世界顶尖大学仍有较大的差距。目前上海交通大学存在的不足主要体现在：论文发表数量较多,但研究质量还需提高；高端论文发表虽已常态化,但数量不足；优质学科数有待提升,顶尖学科数量与世界一流大学尚有差距；教师队伍中帽子人才较多,领军人才较少；学生的规模较大,但杰出校友还较少；高原学科较多,但高峰学科较少；科研活动单打能力较强、科研项目较多，但交叉融合较弱、重大原创性成果较少；科研成果的数量较多，但成果转化较少；国际合作办学较多，但国际合作的科研较少；在知名学术组织的一般任职较多、国际学术话语权较少等问题。

（二）上海交通大学的三步走规划

上海交通大学的发展始终伴随着国家的发展。学校的发展愿景是：为全世界的一流大学输送优秀师资与生源，形成具有世界影响力的一流学科群，构建"进"者悦而尽才的全球人才高地；在世界前沿和国家重大需求中作出更多贡献，成为世界各国留学生的向往地。

在学校愿景的指导下，上海交通大学坚持追求卓越的目标，通过长线布局和分期建设，使学校综合实力逐步登上新台阶。自 1996 年以来，学校确立了三步走的规划，第一步的规划时间是 1996～2010 年，以完善布局和基础夯实为主要任务，旨在建成综合性、研究型、国际化的高水平大学，为建设世界一流大学打下坚实的基础。第二步是 2011～2020 年，以重点突破和突出优势为主要任务，旨在跻身世界一流大学行列，进入或接近主要全球性大学排名的百强。第三步是 2021～2050 年，以全面提升和整体一流为主要任务，旨在建成顶尖的世界一流大学、全面实现世界顶尖大学的历史性奋斗目标。

目前第三步分为两个阶段：第一阶段的建设时间是 2021～2035 年，目标是进入世界一流大学前列，主要体现为人才培养模式、科学研究水平、社会服务功能、文化引领效应等获得国内外广泛认可，各项办学指标和整体实力跻身世界一流大学前列。第二阶段是 2035～2050 年，目标是建成顶尖的世界一流大学，主要体现为人才培养成效、科学研究品质、治理体系及办学模式、教育思想赢得广泛的全球声誉，成为学子向往、大师云集的学术殿堂。

（三）上海交通大学的"十四五"发展战略

目前上海交通大学正在制定"十四五"规划，要在"十四五"起好步，努力实现"全面提升、整体一流"的建设任务。十四五规划的发展目标是：整体实力稳居世界一流，跻身四大全球性排名 75 强。具体目标包括：初步建立具有国家特色的卓越人才培养体系；初步形成高峰耸立、高原迭起的一流学科生态；大幅提升攻坚克难创新策源的服务贡献能力，开始成为引领思想和传播文化的首创地。

"十四五"期间主要实施"人才强校""交叉创新""开放融合"和"文化引领"四个战略。

人才强校战略。学校通过大力引进和培育领军人才,充分发挥领军人才的辐射引导和示范带动作用,进一步将人才优势转化为育人和学校发展优势;通过全方位支持青年人才,搭建有利于人才发展的制度平台、成长环境,促进青年才俊快速成长;通过深化多元评价、分类发展,激发各类人才的主动性、积极性、创造性,共同推动学校事业的发展。

交叉创新战略。学校对接国家战略需求,瞄准世界科技前沿,打破学科、机构和制度壁垒,实施多学科、多部门交叉协同、合力攻关,实现前瞻性基础研究、引领性原创成果的重大突破;鼓励支持跨学科、跨院系的人才培养,培养具有多元知识、探究精神、协同能力的创新人才。

开放融合战略。学校充分融入国家和区域发展战略,加强重点行业、重要企业合作,提升咨政启民能力,为经济社会发展作出重要贡献;进行前瞻性全球布局,成为世界高等教育体系中的重要节点、创新网络中的重要枢纽,为推动构建人类命运共同体发挥积极作用;坚持高水平的开放办学,提升国际合作与交流水平。

文化引领战略。学校传承和发扬百年交大优良文化传统,进一步凝练学生、教职医务员工和广大校友高度认同的交大人精神文化特质;以文化人、以文育人,以一流文化涵养一等人才,培养学生具有远大的理想抱负、坚定的家国情怀、浓厚的专业兴趣、崇高的学术追求;以文化兴校和强校,以"求真务实、努力拼搏、敢为人先、与日俱进"的精神文化推动中国特色世界一流大学建设。

中国高等教育自改革开放以来,受政府战略和民众信念影响,在培养规模、知识创造和国际影响上提升显著,从秩序恢复迅速走向世界一流大学和一流学科建设。上海交通大学作为快速发展的标志性高校之一,在当前世界格局和时代使命的形势下,学校将秉承"和而不同、百花齐放"的理念,与全世界的大学携手合作、深度交流,为致力于世界进步与全人类发展共同努力!

参考文献

中华人民共和国教育部.(2020).全国普通高校 2663 所高等教育毛入学率 48.1%.http://edu.sina.com.cn/gaokao/2019 - 07 - 24/doc-ihytcerm5876983.html.

中华人民共和国教育部.(2020).中国成为世界最大的留学输出国和亚洲最大留学目的国. http://www.moe.gov.cn/s78/A20/moe_863/201703/t20170309_298739.html.

新华网.(2017).科学引文索引 SCI 收录中国论文数居世界第二.http://www.xinhuanet.com/ 2017 - 12/15/c_1122117788.html.

Academic Ranking of World Universities. (2020). Methodology for ShanghaiRanking's Global Ranking of Academic Subjects. http://www.shanghairanking.com/shanghairanking-subject-rankings/Methodology-for-ShanghaiRanking-Global-Ranking-of-Academic-Subjects-2019.html.

Academic Ranking of World Universities. (2020). *Academic Ranking of World Universities*. http://www.shanghairanking.com/ARWU2020.html.

中华人民共和国教育部.(2020).2019 年全国教育经费执行情况统计快.http://www.moe. gov.cn/jyb_xwfb/gzdt_gzdt/s5987/202006/t20200612_465295.html.

中华人民共和国中央人民政府.(2018).2018 年全国科技经费投入统计公报.http://www. gov.cn/xinwen/2019 - 08/30/content_5425835.htm.

上海交通大学规划发展处内部文件,未公开发表。

第九章

通向卓越的途径：世界一流大学的发展路线图①

金·A·威尔科克斯(Kim A. Wilcox)

克莉丝汀·A·维克托里诺(Christine A. Victorino)

美国加州大学河滨分校(University of California，Riverside)

一、引言

从 19 世纪德国研究型大学兴起开始，"世界一流大学"一词就成为优秀研究型大学的代名词。这种明确的定义使评估和比较大学的任务变得相对容易，因为评估量表只有一个主要维度：研究的突出性。一般来说，那些在研究方面投入大、历史上有重要研究发现的学校，已经被视为世界一流。但值得记住的是，大学一词来源于拉丁文的"*universitas magistrorum et scholarium*"，即"教师和学者的共同体"。由此可见，世界一流大学可以被理解为世界一流教师和学者的集合体，无论他们的研究成果如何。换句话说，构成大学的人员组成决定了大学的价值和质量。

对于大多数观察者来说，优越的科研环境与优秀的教师和学生两者之间的关系是不言而喻的。仅仅靠一个平庸的师生群体，是不可能创造出世界一流的研究机构或杰出的科研成果历史的。但是，该分析假设评估只有一个维度，即研究生产力。此外，如果大多数大学都是由大致相同类型的人组成，那么就没有办法知道一个看似不同的教师或学生群体的研究能力会有多大。越来越多的

---

①　感谢伊丽莎白·克拉森·特拉史对本章的建议和协助。

大学开始认识到单维度质量的局限性，并在评估其有效性和成功时开始关注其他活动。

评估高等教育成功与否的一个很好的维度是社区参与。不论这种参与是指参与发展区域经济、改善地方卫生保健或协助社区社会项目，大学已经认识到，他们有责任参与更广泛的社会活动。因此，社区参与的广度和成效现在是许多人评估世界一流大学时考虑的因素之一。总部设在美国的卡耐基基金会（Carnegie Foundation）专门设立了卡耐基社区参与的大学分类（Carnegie Community Engagement Classification），以认可大学在社区参与方面所做的努力（Driscoll，2015）。最近，有人倡议将大学参与度作为世界大学排名的潜在指标（Grant，Douglas & Wells，2019）。

在本章中，我们主张考虑评估世界一流地位的另一个维度，即学生与教师的构成。在我们看来，只有当一所大学的师生构成能够反映出其所在地区或国家在财富、性别、种族和民族等方面的人口多样性时，它才能真正被认为是世界一流的。

大学在选择符合其目标和价值观的学生和教师方面一直享有极大的自由。在 21 世纪，摆在我们面前的问题是，当前选择学生和教师的标准是否反映了一所学校的价值观、它是否对社会作出了应有的贡献以及它是否能被认定为世界一流大学。虽然传统上大学是以研究产出来衡量的，但以加州大学河滨分校为例，我们认为对入学机会平等和多样性的评价也应被视为衡量世界一流大学的重要指标。

二、高等教育入学机会的重要性

当前全球最大的挑战之一是日益严重的社会不平等。2019 年，尽管北美和欧洲只占据了世界成年人口的 17%，但它们控制了世界财富的 57%（Shorrocks，et al.，2019）。相比之下，占全球人口 18.5% 的中国拥有更合理的 17.7% 的全球财富；不过，这个人口与财富的比例正在快速增长。同时，世界上一半成年人拥有的财富不到全球财富的 1%。

财富不仅在国家之间分配不均，在国家内部也是如此。在美国，前 1% 人口的收入占国民收入的 20%（Alvaredo，et al.，2017）。全球大多数国家的情况都类似。

可以说，对任何国家来说，扭转这一趋势的最佳工具就是教育。教育保证了个人在社会上的进步，而不管他们出生时的家庭条件如何。但是，无论在富国还是穷国，受教育的机会都分布不均，这实际上阻碍了数百万人的成功之路，并造成富人继续变得更富，而穷人则越来越穷。在美国，高收入家庭（即年收入最高的四分之一家庭）的孩子在 24 岁前获得学士学位的概率是低收入家庭（即年收入最低的四分之一家庭）孩子的 4.8 倍（Pell Institute，2019）。

在许多国家，财富和族裔的地位也是密不可分的。在美国，白人家庭财富中位数是拉丁裔或非裔美国家庭中位数的 20～40 倍（Collins，et al.，2019）。鉴于家庭收入的这些明显差异，因此，大学录取率和毕业率也因种族和民族的不同而不同，这也就不足为奇。举例说明，只有 36％ 的非裔美国学生进入大学学习，而亚裔学生和白人学生的入学率分别为 64.7％ 和 41.1％［美国国家教育统计中心（National Center for Education Statistics，简称 NCES），2017］。从毕业率看，这种不公平的影响更为严重，来自代表性不足的少数族裔学生的毕业率更低。所以，如果一个学生是美国的非裔高中生，在全美仅有 36％ 的黑人学生能进入大学的情况下，学生的毕业概率仍然只有 40％，如果是黑人男性，毕业概率只有 34％。

在英国，黑人学生比白人同龄人更有可能上大学，但在精英院校的代表人数却大大不足，黑人学生约占总学生人数的 8％，但在英国著名研究型大学"罗素大学集团"（the Russell Group）中，黑人学生只占 4％，在牛津大学和剑桥大学中，黑人学生占比不到 2％（Swerling，2019）。因此，尽管黑人学生在英国上大学的可能性更大，但要想进入顶尖研究型大学学习似乎存在系统性障碍。

除了大学学位的不公平分配之外，这种系统性的不公平还造成了许多后果。这还意味着，世界各国未能充分利用本国的人才库，错失了无数本可以改善我们所有人生活的想法和发现。贝尔等人（Bell et al.，2018）提出了"失落的爱因斯坦"（Lost Einsteins）一词来形容这种现象。有多少潜在的"爱因斯坦"从来没有机会磨砺他们的才能并向全人类提供他们的洞见，仅仅是因为他们出生在未能提供充分教育资源的家庭、地区或国家。

使用诺贝尔奖获得者作为指标之一来分析这种偏见的影响，可以看到：从 1901 年以来，597 人获得了诺贝尔奖，但其中只有 53 名女性，这其中只有 19 名女性在科学和医学领域获得了诺贝尔奖(The Nobel Prize，2019)[①]。同样，该奖项历史上也只有 15 名黑人获奖者，科学和医学领域都没有。这并不是不同能力的反映，而是不同的机会。教育的影响需要几十年才能感受到，因为从进入学校学习到研究生院通常需要至少 20 年时间，然后需要更多的时间来发展他们的职业生涯和实现他们的潜力。因此，我们现在迫切需要采取行动，使我们的校园多样化，这样百年后(到 2120 年)观察人士就不会再为全球各地失去的大量机会而哀叹了。

三、加州大学河滨分校的发展路线图(2010～2020 年)

加州大学河滨分校为我们展现了一个在教师多样性和学生成长与发展(student success)方面的成功院校研究案例。加州大学河滨分校成立于 1954 年，在 20 世纪 50 年代和 60 年代早期，它与圣巴巴拉、戴维斯和圣地亚哥校区都属于新建校区。成立之初，河滨校区的目标是将自己与加州大学(University of California)其他分校区分开来，成为一所规模更小、以本科生为主的学校。具体来说，当时的教务长戈登·沃特金斯(Gordon Watkins)试图建立"西部的斯沃斯莫尔"(Swarthmore of the West)，即借鉴费城附近的精英私立文理学院。

然而，到了 20 世纪 80 年代，加州大学河滨分校需要扩张，否则校园将面临关闭或与另一所大学合并的风险。随着国家对公共高等教育投资的减少，再加上教师们想要加强学院的研究能力(类似于加州大学其他分校)，校园开始了一段长期而持续的招生增长和随之而来的学费收入增长。此外，在整个 20 世纪 90 年代，校长雷·奥巴赫(Ray Orbach)有意吸引那些能反映出加州广泛的种族和民族多样性特色的学生。

到 2010 年 10 月，加州大学河滨分校作为"R1 博士研究型大学"(卡耐基分类定义：研究活动非常活跃)以及侧重西裔学生教育的高等院校(Hispanic-Serving Institutions)的地位已经稳固。校园学生包括近 29％的拉丁裔学生和 36％来自代表性不足的少数族裔群体(under-represented minority，指拉丁裔/

---

① 玛丽·居里于 1903 年与 1911 年赢得了两次诺贝尔奖。因此，虽然总共有 54 个诺贝尔奖项颁发给女性，其中 20 个奖项为科学与药学领域的奖项，但总共获得诺贝尔奖的女性为 53 人，其中科学与药学领域的获奖女性为 19 人。

西班牙裔、非洲裔美国人和印第安人)的学生。超过一半的学生是其家庭中第一代大学生(52%)或来自低收入家庭(55%的学生接受联邦佩尔助学金[federal Pell Grant])。

尽管发生了这些重大的制度转变,加州州长杰里·布朗(Jerry Brown)还是公开指责加州大学河滨分校的毕业率低于伯克利、洛杉矶和其他地方的姊妹分校(Gordon,2013)。同年秋天,《美国新闻与世界报道》(*U.S. News and World Report*)公布了其年度大学排名,河滨分校的排名呈下降趋势。在 5 年的时间里,该大学的排名下降了 27 位。在 2015 年的《华盛顿邮报》(*Washington Post*)上,其校长金·威尔科克斯(Kim Wilcox)对排名标准嗤之以鼻,"无论排名体系所看重的是什么,它都与公立大学所提供的不一致"(Anderson,2015)。他认为,《美国新闻与世界报道》强调的是排他、财富和声望,而不是认可像加州大学河滨分校等机构所强调的公共使命,即更有效地服务于国家低收入和代表性不足的少数族裔群体学生并帮助他们毕业,同时保持最高水平的研究生产率和卓越性。

面对来自国家的外部压力和排名带来的信心下降,加州大学河滨分校立即将注意力集中在实施其战略计划"加州大学河滨分校 2020 计划:通向卓越之路"(UCR 2020:The Path to Preeminence)上。该战略计划的主要目标是成为美国大学协会(the Association of American Universities)中的一个会员机构,美国大学协会只邀请北美 65 所杰出研究型大学成为会员。该计划详细阐述了一系列有针对性的措施,旨在提高学术水平,增加学生入学机会和多样性,促进本地、全国和全球的更多参与(University of California,Riverside [UCR],2010)。

然而,首先要解决的问题之一,就是加州大学河滨分校的招生人数和机构能力之间不匹配的问题。1993 年学校的学生总数为 8 746 人,20 年后其学生人数增加到了 21 285 人;但教师人数没有跟上,导致其师生比例成为最低的学校之一。此外,一个学生少于 1 万人的校园所采用的有效行政程序,并不一定适用于一个学生近 2.5 万人的校园。加州大学河滨分校中央管理的文化导致校长和教务长办公室的决策出现阻碍,缺乏透明度,决策者和执行者之间也存在不必要的距离与隔阂。

校领导进一步认识到,未来加州大学河滨分校的定位既需要转变校园管理文化,也需要改变对高等教育角色的广泛描述。在内部,这意味着分配决策权,提供更高的预算透明度，雇用更多的教职员工，并在校内和校外的利益相关者之间进行强有力的对话。在大学外部，校园的高层领导应更广泛地参与相关活动，以加深全国对 21 世纪优秀大学构成要素的理解。

虽然战略计划侧重于多个需要改进的领域，但本章将重点关注两个主要的、需要同时进行努力的方面，即提升教师卓越程度和促进学生的成功发展。

四、卓越师资不断提升

加州大学河滨分校制定了一个雄心勃勃的目标，即将教师人数增加约 300 人。这成为战略计划中列出的优先事项，这与其欲成为美国大学协会机构院校的愿望一致（Gordon，2014）。师资队伍的扩大为校园提供了一个机会，使其能够对新兴的学术领域进行战略投资，促进跨学科工作，并进一步实现师资队伍的多元化。2013 年，校园雇用了 660 名全职教学和专业教师。最近，这一数字到了 904 人，增长 37%（见图 9.1）。这种增长涉及学术事业的每一个部分，每个部门都至少成功聘用了一名教师。

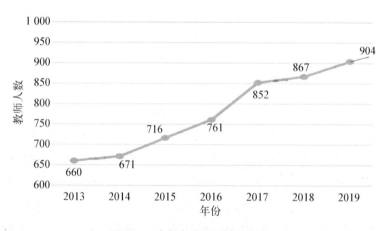

图 9.1　全职教师人数变化情况

在师资扩张中，有相当一部分涉及群体招聘计划（cluster hiring initiative），这有助于促进跨学科和新兴学术领域的师资合作。值得注意的是，加州大学河滨分校聘请了来自各创新群体的学者，从本土研究到植物转化科学，再到自主和智能系统领域。与此同时，该校还聘请了两位诺贝尔物理学奖和化学奖得主，并将美国国家科学院的成员增加到 22 人。在研究支出方面（Higher Education Research and Development［HERD］Survey，2018），加州大学河滨分校从 2010 年的 1.330 亿美元增长到 2018 年的 1.678 亿美元（增幅为 29％），预计增长势头仍将继续，因为新近聘用的青年教师将继续发展并加强其研究活动。

或许更重要的是，校园还促进了教师的多样性。在 2013 年之前的 15 年里，加州大学河滨分校的新教员平均有 36％是女性，10％来自代表性不足的少数族裔群体（拉美裔/拉丁裔、非洲裔美国人和印第安人）。为了促进教师的多样性，该校通过加大招聘力度，要求所有候选人提供多样性声明，并要求招聘委员会进行多样性培训，重塑了招聘行为（Flaherty，2017）。该校在 2015/2016 学年立即获得了显著进步，所聘用的教师中包括 22％代表性不足的少数族裔教师，是所有教师中比例最高的族群。2016/2017 学年，加州大学河滨分校再一次复制了这一成果，在最新聘用的教师中，有 22％来自代表性不足群体的少数族裔教师，以及 47％的女性教师，该比例是自 1984 年以来女性教师占比第二高的年份。

五、学生学业成功的提升

2016 年，加州大学河滨分校招收了其历史上最多样化的新生班级，家庭第一代学生占 62.5％，来自代表性不足群体的少数族裔本科生占 51.2％。同时，加州大学河滨分校学生的学术水平也在稳步提升，十年来新生的高中平均绩点从 3.43 提高到 3.80（4.0 分制）。

为了提升学生学业成绩，学校成立了毕业率专责小组（Graduation Rate Task Force），并落实了其中的大部分建议。这些措施包括为课程和学位规划引入新的技术工具，发展学术干预，以提高对课程内容和成绩的掌握程度，优先安排学生毕业所必需的课程，以及提高本科教学质量的实践。因此，校园在各项指标上有了显著改善，例如每个季度注册的学生数量和第一年的留校率。此外，加州大学河滨分校将四年毕业率提高了 20 个百分点以上，六年毕业率提高了近 9 个百分点（见图 9.2 和图 9.3）。同时，加州大学河滨分校在不同种族/民族和收入群体的毕业率方面实现了接近平等的水平。事实上，加州大学河滨分校来自低收入家庭毕业的学生（即联邦佩尔助学金获得者）比整个常春藤联盟大学此类毕业生人数之和还要多（Hebel & Smallwood，2019）。此外，非营利智库教育信托(Education Trust)将加州大学河滨分校评为美国非裔美国学生(Nichols & Evans-Bell，2017)和拉丁裔学生(Nichols，2017)毕业率最高的学校。

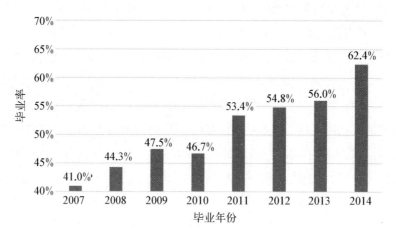

图 9.2　学生四年完成学业的毕业率

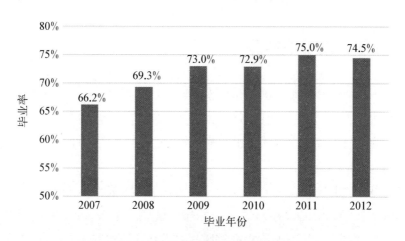

图 9.3　学生六年完成学业的毕业率

　　由于这些努力，加州大学河滨分校已经成为研究密集型大学中学生成长与发展方面的领导者，并与致力于这项工作的其他机构合作。加州大学河滨分校是"美国人才倡议"(American Talent Initiative)和"大学创新联盟"(University Innovation Alliance)的成员。成为美国人才倡议中的成员，意味着加州大学河滨分校是毕业率相对较高的"精英"院校之一。大学创新联盟由美国各地 11 所大型公立研究型大学组成，致力于发展和传播最佳实践，以增加全国低收入家庭学生的入学机会和成功机会。

在实施了这些关注学生成长与发展的举措之后，加州州长加文·纽森（Gavin Newsom）公开祝贺加州大学河滨分校在《美国新闻与世界报道》(U.S. News and World Report，2019)的社会流动性排名中位列第一。这表明加州对加州大学河滨分校独特使命和价值的认识发生了巨大变化。此外，这也反映了大学排名衡量院校质量的方式在不断变化。具体来说，在 2018 年，《美国新闻与世界报道》取消了录取率，并将毕业率纳入其排名标准。由此，加州大学河滨分校的排名在一年内上升了 39 个名次，是所有上榜院校中增幅最大的。同样，加州大学河滨分校在福布斯"最具价值大学"(Best Value Colleges)排行榜上的排名上升了 80 位，在《华尔街日报》《泰晤士报高等教育》的大学排行榜上的排名上升了 83 位，这两年来都是如此。到 2020 年，加州大学河滨分校成为美国发展最快的大学。

六、成功的"秘诀"

遗憾的是，加州大学河滨分校的故事在美国和全球的高等教育中都是罕见的，因为很少有大学能同时取得研究上的成功和师生群体的多样性。但加州大学河滨分校的故事清楚地表明，这种双重成功不仅可以实现，而且可以同时实现。

很多人问，我们是如何在这两个任务上取得如此进展的，"秘诀"是什么？答案是，我们需要成千上万的人做出无数的具体行动和决定，才能实现我们所拥有的一切。经过反思发现，加州大学河滨分校在多样性方面的成功主要是由三个因素驱动的——文化、人员和项目。从一开始，加州大学河滨分校就比大多数大型大学更坚定地致力于确保学生体验的质量。奥尔巴赫（Orbach）校长认识到这种以学生为中心的文化价值，也认识到这种文化在帮助传统上被边缘化的学生取得成功方面可以发挥的关键作用。他是正确的；现在可以看到那些代表性不足的少数族裔的学生开始在河滨分校入学并茁壮成长。

奥尔巴赫校长使学生群体多样化的努力，不仅改善了被录取学生的生活，而且他们在校园的存在也巩固了多元文化本身。从而，多元文化开始在新学生的身上复制。同时，教职员工和管理人员越来越多地被吸引到加州大学河滨分校，因为他们想成为这种文化的一部分。这些被招募的人中，许多人本身就是第一代或低收入的学生，也是传统上代表性不足群体的成员。作为学者，许多教职员工了解大学正在进行的研究的重要性，由于个人经历，他们也了解将学生多样性纳入研究过程的重要性。

加州大学河滨分校的制度化项目也很重要，从建立学习社区到本科研究项目，以及在学生和学术事务中建立广泛的同伴指导网络等，这只是其中的几个例子。美国的许多大学都有这样的项目，旨在提高低收入家庭学生的参与率和教育成功程度，以及提高教职员工和学生的代表性。虽然这些项目的出发点是好的，而且往往是有效的，但总的来说，它们对改变全美大学的人口代表性影响有限。我们认为，这些项目对于取得成功是必要的，但还不够。只有建立在这种文化以及认同此类方案价值观的师资的基础上，这些方案才能真正有效。

七、前进之路

世界一流大学的概念具有延展性。当然，这个概念因主题和领域的不同而不同，而且随着世界及人们的变化，几个世纪以来已经发生了显著变化。20 世纪末，当许多出版商和组织发现排名的金钱价值时，世界一流地位的问题对大学来说变得更加突出。这些排名推动了各种院校的行动，也推动了高等教育领袖们就如何最好地衡量全球院校的成功展开对话。虽然这种对话现在仍处于初级阶段，但将在未来几年发生重大变化。迄今为止，关于排名的讨论主要集中在衡量问题上，比如如何最好地评估研究实力（资助水平、诺贝尔奖得主、专利等），或者是否考虑国家支持和文化的内在差异，等等。

我们认为，目前有一个更根本的问题，就是作为一个学者社会，人们希望从大学获得什么以及希望大学成为什么。目前学校之间的竞争，实际上是一种拷贝现有顶尖学校的竞争，这些现有顶尖学校的领导地位早在 20 世纪初和中期就得到了巩固。现有的拷贝式竞争，不是让学校成为一个与众不同、更有理想的机构。我们希望全球的大学能够共同探讨何谓 21 世纪最佳大学，并明确能够引领我们走向这一目标的主要标志。我们必须着眼于未来，而不是继续强化过去。

让排名系统能够包括更广泛的衡量院校的标准，是向前迈出的关键一步，但我们不应就此止步。我们现在应该开始讨论学术活动的重要特征，如学生人口统计、教师群体、社会影响等，我们认为这些是能够界定当今与未来、真正的世界一流大学的特征。

参考文献

Alvaredo, F., Chancel, L., Piketty, T., Saez, E., & Zucman, G. (2017). Global inequality dynamics: New findings from WID world. *American Economic Review*, 107(5): 404 – 409.

Anderson, N. (2015, September 9). UC-Riverside vs. U.S. News: A university leader scoffs at the rankings. *The Washington Post*. Retrieved February 7 2020 from https://www.washingtonpost.com/news/grade-point/wp/2015/09/09/uc-riverside-vs-u-s-news-a-university-leader-scoffs-at-the-rankings/.

Bell, A., Chetty, R., Jaravel, X., Petkova, N., & Van Reenen, J. (2018). Lost Einsteins: who becomes an inventor in America? *CentrePiece — The Magazine for Economic Performance*, No. 522. Centre for Economic Performance, LSE.

Collins, C., Asante-Muhammed, D., Hoxie, J., & Terry, S. (2019). Dreams deferred: How enriching the 1% widens the racial wealth divide. Institute for Policy Studies. Retrieved February 7 2020 from https://inequality.org/wp-content/uploads/2019/01/IPS_RWD-Report_FINAL-1.15.19.pdf.

Driscoll, A. (2015). Analysis of the Carnegie classification of community engagement: Patterns and impact on institutions. In Terkla, D. G. and O'Leary, L. S. (eds.). *Assessing Civic Engagement: New Directions for Institutional Research*, 3 – 16. San Francisco, CA: Jossey-Bass.

Flaherty, C. (2017, September 28). Making diversity happen. *Inside Higher Ed*, Retrieved Feb 7 2020 from https://www.insidehighered.com/news/2017/09/28/how-two-institutions-diversified-their-faculties-without-spending-big-or-setting.

Gordon, L. (2014, April 24). At inauguration, UC Riverside chancellor calls for campus growth. *Los Angeles Times*. Retrieved February 7 2020 from https://www.latimes.com/local/lanow/la-xpm-2014 – apr-24 – la-me-ln-uc-riverside-20140424 – story.html.

Gordon, L. (2013, May 15). Jerry Brown urges UC to stress graduating students in 4 years. *Los Angeles Times*. Retrieved February 7 2020 from https://www.latimes.com/local/la-xpm-2013 – may-15 – la-me-uc-regents-20130516 – story.html.

Grant, J., Douglas, D.R.B., & Wells, J. (2019). A global initiative to measure university engagement. Paper presented at *The 8th International Conference on World-Class Universities*, Shanghai, China, October 2019.

Hebel, S., & Smallwood, S. (2017, September 20). This one university enrolls more Pell students than the whole Ivy League. *Open Campus*. Retrieved February 7 2020 from https://www.opencampusmedia.org/2019/09/20/this-one-university-enrolls-more-pell-students-than-the-whole-ivy-league/.

Higher Education Research and Development Survey. (2020，January 6). National Science Foundation. Retrieved Feb 7 2020 from https：//www.nsf.gov/statistics/srvyherd/♯tabs-2.

National Center for Education Statistics. (2019). The condition of education. Retrieved February 7 2020 from https：//nces.ed.gov/programs/coe/pdf/coe_cpb.pdf.

Nichols，A. (2017，December 14). A look at Latino student success. *The Education Trust*. Retrieved Feb 7 2020 from https：//edtrust.org/resource/look-latino-student-success/.

Nichols，A.，& Evans-Bell，D. (2017，March 1). A look at Black student success：Identifying top- and bottom-performing institutions. The Education Trust. Retrieved February 7 2020 from https：//edtrust.org/resource/blackstudentsuccess/.

Pell Institute. (2019). Indicators of higher education equity in the United States. Retrieved February 7 2020 from http：//pellinstitute.org/indicators/reports_2019.shtml.

Shorrocks，A.，Davies，J.，& Lluberas，R. (2019). *Global Wealth 2019: The Year in Review*. Retrieved Feb 7 2020 from https：//www.credit-suisse.com/media/assets/corporate/docs/about-us/research/publications/global-wealth-report-2019－en.pdf.

Swerling，G. (2019，March 29). Black and Asian students more than twice as likely to go to university than white students，new data reveals. *The Telegraph*. Retrieved February 7 2020 from https：//www.telegraph.co.uk/news/2019/03/29/black-asian-students-twice-likely-go-university-white-students/.

The Nobel Prize. (October，2019). Women who changed the world. Retrieved Gebruary 7 2020 https：//www.nobelprize.org/women-who-changed-the-world/.

U.S. News and World Report. (2019). Top performers on social mobility. *U.S. News and World Report*. Retrieved February 7 2020 from https：//www.usnews.com/best-colleges/rankings/national-universities/social-mobility.

University of California，Riverside. (2010). *UCR 2020: The Path to Preeminence*. Retrieved February 7 2020 from https：//strategicplan.ucr.edu/sites/g/files/rcwecm2701/files/2019－03/ucr_2020_-_final.pdf.

（林婕、王琪　译校）

第十章

全球化创新和面向商业的开放：
美国研究型大学

埃里克·W·凯勒(Eric W. Kaler)

美国明尼苏达大学双城分校(University of Minnesota-Twin Cities)

一、历史背景

美国大型的研究型大学在科技创新、创造新事业以及将知识应用于社会的重大挑战方面发挥着巨大的作用。本章将以作者所在的大学明尼苏达大学双城分校(University of Minnesota-Twin Cities)为例说明这一作用，但值得注意的是美国每一所大学的结构都有所不同。在美国，大多数以研究为重点的大学都提供本科生教育以及研究生和专业教育，涉及的学科范围很全面。几乎所有的大学都注重对学生的教育和新知识的创造。如何将这两个核心任务融合在一起从而创造经济增长和繁荣，在不同的机构中可能会有很大的不同。克尔(Cole，2009)全面回顾了美国大学的历史和影响。

在美国，大学和学院有很多种类和规模。有许多相对较小的文理学院，它们的研究生教育和研究能力有限。有两种规模较大的大学，即私立与公立大学，既注重本科教育，又注重研究生教育和研究，可以从管理方式上加以区分。

第一种情况是私立大学自我管理，其管理委员会是自主独立、自我延续的。这些机构的办学收入主要来自捐赠、学费收入、研究支持，有的还来自医学院或医院的临床工作收入。

第二种情况是公立大学由校董会管理。这些校董会成员大多是由所在州的公民选出。从选民直接选举到州长任命，再由立法机构批准，中间有很多方式。

美国没有国立大学，而是全部依靠大学所在州的支持，此外还有类似于私立学校的捐赠和其他收入来源。因此，公立大学的学费，尤其是本科生的学费较低，而且公立大学的规模通常比私立大学大。还有一些大学是以盈利为目的，它们一般不开展研究活动。最后，还有一些专门从事各种领域的就业培训的机构，学生在经过一段非定期的学习后，会获得职业领域的学位或证书。这类学校一般也不开展研究活动。

一些公立大学有所谓的"赠地"（land grant）使命。这个词源于1862年通过的、由美国第16任总统林肯签署的立法。难能可贵的是，在美国历史上迄今为止最黑暗的时期，在南北战争中，美国仍能够关注更多教育的需求。林肯签署的立法被称为《莫里尔法案》（*Morrill Act*）。该法案以其作者、来自佛蒙特州的代表贾斯汀·莫里尔（Justin Morrill）的名字命名，该法案要求联邦政府向各州授予可自用或出售以创建新的大学的土地。当时，高等教育仅限于有钱人，大多数是男性，他们有能力在主要位于美国东部的私立院校就读。这些赠地学院大多演变成大型的州立大学，但也有少数私立赠地学院，如纽约州的康奈尔大学（Cornell University）（Cole，2009）。

由于《莫里尔法案》的实施，美国更多的人可以接受教育。该法案说这些大学是"……教授与农业和机械艺术相关的学科……以促进工人阶级在生活的各种追求和职业中的自由和实践教育"。公平地说，《莫里尔法案》从根本上改变了美国高等教育的性质，并帮助释放了促进20世纪美国工业实力发展的智慧力量。该法案还规定了对农业、工程和博雅教育的承诺。这种情况一直持续到今天，赠地学院的使命是教学、开展研究并与社区合作解决问题。当然，人们总是关注卓越，美国有许多排名很高的公立大学，但都强调让所有合格的学生能接受高等教育的需求。

自《莫里尔法案》颁布以来的150年里，美国大学发生了重大的变化。第一步是联邦研究基金对农业研究和发展的投资，以及资助建立农业实验站，这是由1887年的《哈奇法案》（*Hatch Act*）促成的。1914年的《史密斯—勒沃法案》（*Smith-Lever Act*）资助了与该研究密切相关的用户服务。这些拓展工作是由几代所谓的推广人员进行的，他们到美国农村地区传授农业方面的最佳做法。

在第二次世界大战后的几年里，联邦政府对各种研究的资助迅速增加。这大大促进了美国创新经济的发展，许多发明和产品都来源于此。两种主要的资助渠道是国家卫生研究院（National Institutes of Health，该研究院资助办公室成立于 1946 年），以及国家科学基金会（National Science Foundation，成立于 1950 年）。如今，它们每年合计提供近 500 亿美元的研究支持，主要针对大学。美国联邦政府的其他部门，特别是能源部、国防部和农业部也为大学提供了大量的研究支持。

美国国家科学基金会的起源和发展，对美国自然科学和工程研究的蓬勃发展尤为重要。它的形式，特别是它与国家政治对话的联系，是在 20 世纪 40 年代后期发展起来的。范纳尔·布什（Vannevar Bush）在他 1945 年的著作《科学——无边无际的疆域》（*Science — The Endless Frontier*）中提出了这种愿景。他认为应有一个组织，根据同行评审的建议，资助最好的基础研究。这些研究不属于军事机密或秘密，其目标是在公开文献中发表研究结果。与政府和政治力量的联系主要表现在：国家科学基金会主任和国家科学委员会的成员都是由总统任命的，他们都是咨询主任（National Science Foundation，1994）。

在 1980 年之前，美国联邦政府拥有其资助的发明专利权，发明人得不到直接的利益，这就阻碍了产品开发和最终的商业化工作。为了开发大学发明的商业价值，1980 年国会通过了以两位参议员的名字命名的《拜杜法案》（*Bayh-Dole Act*），使得大学和个人发明家能够获得发明专利和许可，并分享版税收入，从而引发了大量的商业活动，并持续至今。此后，大多数大学或多或少都在从事创意开发和商业化业务，而不仅仅是研究和教育。

像大多数健康运行的企业一样，美国研究型大学有许多资金来源。明尼苏达大学就是一个典型的例子（见图 10.1）。由于在人类健康和医学方面开展了大量的研究活动，国家卫生研究院是最大的资助者。其次是州政府和地方政府，包括通过名为"明尼苏达州发现研究和创新经济"（Minnesota Discovery Research and Innovation Economy）的新型经济发展计划。这种支持水平反映了赠地学院与其所服务的州之间的密切联系。这种研究的例子包括从交通挑战研究到保护供水的环境工作，从公共卫生计划到农业的推广方法，都得到了联邦计划的合作支持。其次是国家科学基金会，重点是科学和工程研究。再者是大学内部的资源与商业和工业资源。总的来说，大约 65％ 的拨款最终来自联邦政府。这对美国大多数研究型大学来说是非常典型的。这些金额反映了明尼苏达大学在 2018 财年获得的资金情况。由于许多赠款持续数年，这并不反映年度支出，下文将进一步说明年度支出情况。

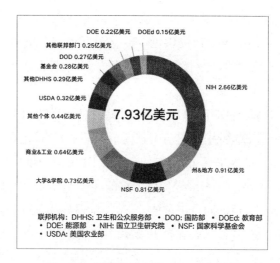

图 10.1　明尼苏达大学 2018 财年所得
科研奖励的资金来源

二、商业和工业的作用

美国工商界对明尼苏达大学研究的支持是非常大的,研究型大学与企业的互动有多种方式。通常对大学研究的支持形式是赠款或合同。赠款给予资金的目的是希望教师或其他研究人员进行某个约定领域的研究,但需要认识到的是,早期的成果和知识上的好奇心可能会导致工作方向与最初的预期不同。另一方面,合同通常描述了一份预期交付的研究或开发成果清单。在这两种情况下,公司和大学都会担心,对任何潜在知识产权的所有权和使用权都要仔细考虑。当公司或个人的支持被归类为赠予时,就不用担心知识产权的分配问题。如果资金是以赠与的形式,那么学校就没有义务以特定方式使用资金,甚至不用详细报告资金的使用情况。因此,捐赠人并不知道这笔钱是怎么花的,但在很多情况下,企业给大学的捐赠,对企业而言,是可以抵税的。

事实证明,在与产业界签订的大多数拨款合同中,创造有价值的知识产权是相当罕见的。在明尼苏达大学,我们认为对知识产权所有权的关注是不够的。需要说明的是,大多数由工业资助的研究都是从大学老师与企业研究院之间的对话开始的。在传统的方式下,大学律师和公司律师非常担心作品中可能出现的知识产权所有权问题。换句话说，我们花费了大量的精力来研究：是否有可能产生一项发明从而获得专利，是否有可能将其制成一种可以上市销售的产品，是否有可能盈利。很多人担心未来的利润会如何分配。

在明尼苏达大学，我们大大简化了与工业合作的方式。名为"明尼苏达创新伙伴关系"（Minnesota Innovation Partnerships，又称为 MN－IP）的项目，为构建知识产权所有权和许可权授予提供了几种选择。这些选择包括对所有知识产权收取适度的预付费用（专利费只有在年销售额超过 2000 万美元后才需支付），以及签订一份非独家许可权协议，并赋予之后签订独家收取专利费许可的权利。在知识产权开发完成后，赞助商也可以协商许可。我们现在工作视为合作关系，而不是交易交换条件。因此，我们从这些来源获得的资金增长了近 5 倍（见表 10.1）。

表 10.1　技术商业化的成果

	2014	2015	2016	2017	2018
新授权数量	154	268	194	213	230
目前的创收合同数量	429	544	528	545	575
总收入（单位：百万）	$27.4	$20.2	$46.9	$22.6	$16.1
已获专利数量（美国与国外）	104	136	168	147	186
"明尼苏达创新伙伴关系"项目的研究合同数量	51	69	81	72	86
参与"明尼苏达创新伙伴关系"项目的企业数量	44	54	62	51	58
受赞助的研究项目资金（单位：百万）	$4.3	$10.8	$12.2	$20.9	$21.3
初创公司数量	15	16	17	18	13

资料来源：https://research.umn.edu/units/techcomm/about-us/statistics

三、管理科研事业

如上所述，20 世纪 40 年代末，美国卫生研究院和美国国家科学基金会建立了资助大学研究的机制，在 80 年代制定了《拜杜法案》，这使得大学需要管理这一研究事业。大多数研究型大学都有一个研究办公室或类似的部门，通常由副校长或副教务长领导，负责推动这项工作。明尼苏达大学研究副校长办公室（OVPR）的使命宣言是："明尼苏达大学研究副校长办公室通过倡导和促进其教职员工和学生的研究和学术活动，为明尼苏达大学和公众服务。在履行这一使命的过程中，我们提供具体的专业知识、政策与程序，以及相关服务，以此支持大学达到成为顶级公立研究型大学的目标。"

在日常运作方面，明尼苏达大学研究副校长办公室的工作人员主要侧重于帮助教师撰写和赢得来自各种来源的研究合同，包括美国卫生研究院和美国国家科学基金会。一旦获得资助，明尼苏达大学研究副校长办公室就会为资金的预算和管理提供一个框架，并帮助向资助机构提供所需的定期进度报告。该办公室还尽力确保研究人员在财务和研究工作中遵守所有相关的联邦、州及地方的规则、条例和法律。

在明尼苏达大学，支持教师寻求、获得和管理外部赞助的研究、培训和公共服务资金的单位内总计有 49 人。"人类研究保护计划"（The Human Research Protection Program）雇用了 20 人，他们致力于确保人类研究对象的安全、权利和福祉。他们审查和监测在研究中使用人类研究对象和使用具有潜在危险的生物制剂的情况。动物也可被用于研究，动物福利办公室（Office of Animal Welfare）的 11 名工作人员负责动物护理和使用委员会行政支持、检查和遵守规定的职能。

美国各地都有类似规模的研究活动。表 10.2 显示了研究支出最高的公立大学。密歇根大学（University of Michigan）以每年超过 15 亿美元的支出居于公立研究型大学之首。密歇根大学的支出在全美排名第二。研究支出最高的私立大学是约翰·霍普金斯大学（Johns Hopkins University），每年支出超过 25 亿美元。其他支出超过 10 亿美元的私立大学有宾夕法尼亚大学（University of Pennsylvania）、杜克大学（Duke University）、哈佛大学（Harvard University）、斯坦福大学（Standford University）、康奈尔大学（Cornell University）、麻省理工学院（Massachusetts Institute of Technology）和耶鲁大学（Yale University）。

表 10.2 排名前十的公立大学每年的科研支出情况

大 学	开 支		"世界大学学术排名"2018 年排名情况		
			世界范围	美国国内	美国公立大学
密歇根大学	1	$ 1 530 139	27	20	6
加州大学—旧金山	2	$ 1 409 398	21	17	5
华盛顿大学	3	$ 1 348 220	14	12	3
威斯康星大学	4	$ 1 193 413	28	21	7
加州大学—圣地亚哥	5	$ 1 133 454	15	13	4
北卡罗来纳大学	6	$ 1 102 063	30	22	8
加州大学—洛杉矶	7	$ 1 076 917	11	9	2
匹兹堡大学	8	$ 939 706	90	42	22
明尼苏达大学—双城分校	9	$ 921 681	37	25	9
德州农工大学	10	$ 905 474	151—200	59—69	28+

资料来源：国家科学基金会(NSF)/高等教育研究与发展(HERD)数据库(https://www.nsf.gov/statistics/srvyherd/)。

四、技术商业化

明尼苏达大学研究副校长办公室活动的另一个重要方面是帮助将教职员工的发明创造商业化，有 45 人在技术商业化办公室从事这项工作。该办公室的使命是保护和授权大学开发的技术。同时，该办公室还开展了大量工作，如以评估和培育具有潜力的大学技术，使其能够成立一个新的公司。

这项活动稳步增长（见表 10.1），2018 年大学向各个公司发放了 230 份大学技术许可证，并创建了 13 家新公司。以大学研究为基础成立的新公司可分为六大领域（表 10.3）。

表 10.3　初创公司在行业中的分布

初 创 行 业	2018 财年	2006～2018 财年
生物/制药	2	32
工程与物理科学	0	16
软件/信息技术	4	36
医疗设备	4	26
能源与环境	2	16
食品/农业	1	6
明尼苏达州以内	8	102
明尼苏达州以外	5	30
合计	13	132

　　软件和信息技术是最大的行业，其次是生物制药相关的企业。医疗器械领域位居第三，该领域相对较大的发展与位于明尼苏达州的大型商业生物医学器械行业有关。1957 年，厄尔·巴肯（Earl Bakken）发明了可穿戴心脏起搏器。当时他是明尼苏达大学的一名雇员，早些时候创立了美敦力公司（Medtronic）。该公司去年的收入接近 300 亿美元。美敦力和它的竞争对手——波士顿科学公司和圣犹大公司，在明尼苏达州维持着大量的研究和商业运作，使明尼苏达州成为医疗器械行业的"硅谷"。从明尼苏达大学的研究中发展起来的小型医疗相关公司的一个例子是 Miromatrix 公司。他们的业务是开发以利用个人自身的细胞培育器官并最终植入人体的方法。

五、创新伙伴关系

　　各州也可能支持有针对性的研究。如在明尼苏达州，我们发起了一项名为"明尼苏达发现研究与创新经济"（又称为 MnDRIVE，请见 https://mndrive.umn.edu/）的倡议。该方案由州政府每年提供 1 800 万美元的资助，针对与国家有关的具体研究，但当然适用于世界各地。目标投资领域包括：机器人、传感器和先进制造；食品；水与环境；在大脑和中枢神经系统的医疗领域；癌症临床试验网络。

"明尼苏达发现研究与创新经济"项目中有关机器人、传感器和先进制造业的部分，旨在巩固明尼苏达大学在机器人、传感器与自动化领域的领导地位，并在复兴国内制造业（特别是在增材制造方面）的进程中作出贡献。该项目一贯的主题强调：机器人、自制系统与现代制造系统从根本上是基于传感、反馈、控制和驱动的集成。应用范围从按需立体打印零件到汽车自动驾驶技术。

鉴于未来40年世界人口预计将超过90亿，我们将需要增加70%的粮食供应。尽管今天食物丰富，但世界上仍有近10亿人营养不良，甚至在明尼苏达州也有超过10%的居民缺乏足够的食物。饥饿和营养不良造成的经济和人员损失，不仅会影响到粮食和营养不足的国家，而且也影响到全球经济。由非营养食物引起的食源性疾病和肥胖导致慢性疾病，并增加卫生保健费用。与此相关的三个重点领域是精准农业、应用生物信息学和其他大数据方法来改善作物和动物健康问题以及包括动物和人类在内的食品安全创新问题。

水和环境倡议的总目标是支持和刺激研究和发展通过利用微生物、植物、酶或化学品本身或结合使用从而清除环境污染物的环境补救方法。在这项工作中，大学研究人员与国有企业和政府机构合作，将研究结果从实验室带到实地实践中。这项工作直接关系到大学的"赠地"使命和一个世纪前向社区传授知识的角色。实施这项工作，应能改善所有流域的水质和环境质量。反过来，这也将促进农业和旅游业的就业和商业发展。

通过对大脑和中枢神经系统的疾病研究，我们认识到，大脑疾病对社会和经济的影响是毁灭性的，估计美国每年的医疗保健和生产力损失成本接近5 000亿美元。大脑状况，包括帕金森氏症、中风、癫痫和精神疾病，是降低人的生活质量的慢性折磨。五分之一的美国人患有这些疾病。通过在神经调节领域的高影响力研究发现，"明尼苏达发现研究与创新经济"项目培养了下一代科学家和临床医生，并为明尼苏达州的大脑疾病患者带来了新的改进治疗方法。该项目将扩大大学与产业界的合作关系，将神经调节创新引入市场。这样，病人和国家经济都将受益。

癌症是全世界面临的主要健康挑战之一。在所有明尼苏达州的居民中，有近一半的人将在有生之年被诊断为可能危及生命的癌症，这是明尼苏达州市民的主要死亡原因。为了取得进展并让患者获得最佳护理，医疗服务提供者需要公平地了解最前沿的癌症研究，并能获得病患护理的全部选择。建立一个多站点癌症临床试验网络，将为整个明尼苏达州的预防和治疗试验提供更多机会。

"明尼苏达发现研究与创新经济"项目为大学带来了巨大的成果。经过5年的努力，1 200名研究人员得到了该项目的支持，获得了3.6亿多美元的外部资金，并创造了303项发明。这类项目可以成为大学和州政府之间富有成效伙伴关系的典范（OVPR，2020b）。

六、可持续研究

今天的许多研究都集中于从环境与商业的角度用可持续的解决方案来应对挑战。这种研究应促进工艺和产品对环境和社会影响最小化。一个有趣的例子是利用风能来驱动一个小型的合成氨工厂，它可以为农业提供能量储存和氮气。明尼苏达大学的研究人员在联邦机构能源部的支持下，在明尼苏达州西部的一个风力涡轮机附近建立了这样一个小型试验设施。

氨是肥料的基本元素，也是一种碳中和的液体燃料。氨的商业化生产采用的是哈伯法（Haber-Bosch）。该工艺需要非常大的资本投资，用于在高压和高温下运行的反应器，大量的电力（哈伯法使用的能源占全世界生产的能源的1%～2%），以及运输氨的配送基础设施。实现氨的中小规模合成的技术可以使生产更接近消费者，如果使用可再生能源，可以在不产生二氧化碳的情况下生产氨。然而，在使六溴代二苯工艺适应较小规模的使用、或开发用于燃料开发的替代电化学工艺方面，仍然存在重大的技术挑战。涉及较低压力和吸收方法的新方法创造了一种适用于小规模应用的工艺，它与间歇性能源更加兼容（见 ARPAE，2017）。大学研究人员的概念验证工作对这种方法的最终成功和实用性至关重要（Palys et al.，2019）。

七、研究联盟

最后一个技术发展的例子也凸显了明尼苏达大学与中国的深厚渊源以及参

与应对中国环境挑战的情况。1914 年，第一批中国学生来到明尼苏达大学。1979 年，中美建交时，明尼苏达大学是首批派代表团访华的美国大学之一。该校每年接待数千名中国学生，大型研究型大学仍然是两国之间的重要纽带。

下面的例子还展示了大学与产业互动的另一种方式，即通过大学—产业联盟。在这样一个联盟中，许多对某项技术感兴趣的公司聚集在一起，并与大学联合起来，在比生产产品和追求利润更高的层面发展科学和工程。联盟的特点是成员能够接触到早期研究，并能获得教师与学生在专业领域的技能。这些成员公司通常每年支付会员费。

明尼苏达大学过滤研究中心就是这样一个联盟（见 http://www.me.umn.edu/cfr/）。有 14 家公司投资了过滤技术，这是一项重要的工业过程。该中心主任裴有康（David Pui）博士正在研究中国环境面临的主要挑战之一，即由 2.5 微米以下的高浓度颗粒物（即 PM2.5）造成的空气质量差。这些颗粒对人体健康有重大危害。裴有康博士和他的同事开发了太阳能辅助大规模清洁系统（Solar Assisted Large Scale Cleaning System），见图 10.2。他们估计，在北京六环高速公路外放置 8 个此类系统，可以在 30 小时内减少 15％的PM2.5 颗粒污染（Cao et al.，2015 & 2018）。

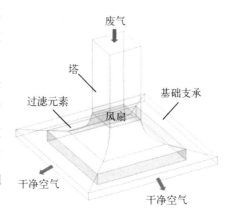

图 10.2　大型太阳能城市空气清洁系统原理图

资料来源：明尼苏达大学裴有康博士提供。

西安是第一个建立 60 m×43 m×60 m 的太阳能辅助大规模清洁系统试点城市（图 10.3）。两侧为 3M 公司和唐纳森（Donaldson）公司的美国过滤系统。第三面是中国国内的过滤系统。美国《金钱杂志》（*Money Magazine*）将西安太阳能辅助大规模清洁系统（Xi'an SALSCS）评为正在改变世界的 28 项不可思议的中国制造创新之一。第二代太阳能辅助大规模清洁系统在江苏省盐城科技园建成。测量结果显示，当开启太阳能辅助大规模清洁系统时，下游太阳能辅助大规模清洁系统周围区域的 PM2.5 浓度降低了 12％。改善空气质量可以产生许多积极的影响，例如，一项对受洁净空气影响地区房价的调查发现，与未受洁净空气影响地区的同等住宅相比，房价上涨了 4.5％（Lan et al.，2020）。

图 10.3　位于 中国西安的大型太阳能城市空气清洁系统

资料来源：明尼苏达大学裴有康博士提供。

八、结语

美国大型公立研究型大学在许多科学和医学的突破发现和发展中发挥了核心作用。研究型大学的许多工作也是为社会服务的，因为它们解决了与健康、社会、环境和可持续性挑战有关的问题。今天，研究型大学在建立可以成为经济增长引擎的创业公司方面也发挥着关键作用。这些大学还培育了世界各地一代又一代学生，使人们的生活质量得以提高。

参考文献

ARPAE（2017）. Solid-State Alkaline Electrolyzer Ammonia Synthesis. Retrieved June 23，
　　2020 from https：//arpa-e. energy. gov/? q ＝ slick-sheet-project％ 2Fsolid-state-alkaline-

electrolyzer-ammonia-synthesis.

Cao, Q., Pui, D.Y.H., & Lipiński, W. (2015). A Concept of a Novel Solar-Assisted Large-Scale Cleaning System (SALSCS) for Urban Air Remediation. *Aerosol Air Quality Research*, 15(1): 1–10. https://doi.org/10.4209/aaqr.2014.10.0246.

Cao, Q., Shen, L., Chen, S.-C., & Pui, D.Y.H. (2018). WRF modeling of PM2.5 remediation by SALSCS and its clean air flow over Beijing terrain. *Science of the Total Environment*, 626(1): 134–146. Retrieved May 10 2020 from https://doi.org/10.1016/j.scitotenv.2018.01.062.

Cole, J.R. (2009). *The Great American University*. New York: PublicAffairs™.

Lan, F., Lv, J., Chen, J., Zhang, X., & Pui, D.Y.H. (2020). Willingness to pay for staying away from haze: Evidence from a quasi-natural experiment in Xi'an. *Journal of Environmental Management*. 2020 May 15; 262: 110301. doi: 10.1016/j.jenvman.2020.110301.

National Science Foundation. (1994). *The National Science Foundation: A Brief History*. Retrieved May 10, 2020 from https://www.nsf.gov/about/history/nsf50/nsf8816.jsp.

OVPR. (2020a). Retrieved May 1, 2020 from https://research.umn.edu/units/techcomm/sponsoring-research-mn-ip.

OVPR. (2020b). Retrieved May 1, 2020 from https://mndrive.umn.edu/about/mndrive-5.

Palys, M.J., Kuznetsov, A., Tallaksen, J., Reese, M., & Daoutidis, P. (2019). A novel system for ammonia-based sustainable energy and agriculture: Concept and design optimization. Chemical Engineering and Processing - Process Intensification, 140: 11–21. Retrieved May 1, 2020 from https://doi.org/10.1016/j.cep.2019.04.005.

（林婕、王琪 译校）

第十一章

研究生和专业教育的新模式：
麦道国际学者学会

马克·S·莱顿(Mark S. Wrighton)

美国华盛顿大学圣路易斯分校(Washington University in St. Louis)

一、背景介绍

美国华盛顿大学圣路易斯分校成立于 1853 年。当时的密苏里州圣路易斯可以说是北美最重要的城市，是美国向西扩张的"中转站"，被称为"门户城市"。由艺术家和建筑师埃罗·萨里宁(Eero Saarinen)于 1948 年设计、1965 年建成了一座 192 米(630 英尺)高的标志性拱门，是圣路易斯的象征。华盛顿大学是作为一所私立大学成立的，以满足一个蓬勃发展的城市日益增长的需求。如今，华盛顿大学圣路易斯分校仍然是一所私立研究型大学，被普遍认为是美国顶尖的研究型大学之一，在生命科学领域具有卓越的研究实力。在 2019 财年，该校的运营收益约为 35 亿美元，其中包括超过 5 亿美元的研究经费。学生总数约 1.5 万人，其中约半数学生为在读研究生和专业学位课程的学生(毕业后将获得硕士或博士学位)。本科生的学术表现优异，与其他就读于美国最优秀高校的学生相比，具有很强的竞争力。该校的教师或校友中，有 24 人获得过化学、物理、经济或医学方面的诺贝尔奖。

虽然一个多世纪以来，华盛顿大学圣路易斯分校一直从世界各国招收学生，但该校于 1995 年决定启动一项战略计划，以加强与世界其他地区的联系。其部分目标是加强教育使命以及进一步提升研究项目的质量和影响。这项计划的目的包括增加招收有才华的研究生和专业学生的机会，发展合作研究的伙伴关系，加强与校友以及位于美国之外的潜在雇主之间的关系。的确，华盛顿大学长期以来一直重视国际学生和教师的重要性，到 2020 年，该校约有 30% 的教师出生在美国以外的国家。1995 年启动的战略计划一开始就以亚洲为重点，这样做有几方面的理由：(1) 亚洲占世界人口的很大一部分；(2) 亚洲经济增长显著，预计将继续如此；(3) 大量总部设在美国的公司渴望加强在亚洲的活动，特别是在中国的活动；(4) 亚洲学生对美国高等教育感兴趣；(5) 该校国际校友中有相当一部分在亚洲生活和工作。1996 年，华盛顿大学成立了亚洲国际咨询委员会(International Advisory Council for Asia)，成员包括校董会成员、在亚洲生活和工作的校友、在校生或校友的父母以及该校的合作伙伴等。该委员会为大学在亚洲发展的优先事项上提供建议，并帮助大学领导人更好地了解亚洲的政府、商业和大学。

该咨询委员会由一名董事会成员担任主席，每 18～24 个月在亚洲某大城市或华盛顿大学所在地圣路易斯举行一次会议。大多数会议都在亚洲，每次会议参与者包括校长、该校 7 个学院的院长、教务长、研究生院院长、负责校友和发展计划的副校长、负责公共事务的副校长，以及其他主要的行政领导。在亚洲举行的会议上，学校的优秀教师会向咨询委员会和所访问城市的主要大学介绍学校的工作。咨询委员会约有 30 名成员，其中有一小部分来自圣路易斯，但大多数委员都在亚洲生活和工作。来自北京、德里、香港、雅加达、马尼拉、孟买、首尔、上海、新加坡和东京的委员会成员是会议的常客和积极参与者。每次会议都有机会让所在城市的校友参与进来，并向当地学术界、商界和政府的领袖学习。

咨询委员会的会议一般持续两至三天，成员和大学领导有机会了解当地的历史、文化、经济和政治问题。在圣路易斯举行的少数几次会议，其目的是确保来自亚洲的咨询委员会成员都能够了解该校的方案和优先事项的最新情况。咨询委员会第一次会议于 1996 年秋季在中国台北举行。2004 年在韩国首尔举行的关于"麦道国际学者学会"(McDonnell International Scholars Academy)成立会议。在 1996～2004 年间，委员会在香港、圣路易斯、东京、新加坡、德里、上海和北京分别举行了会议。在这期间，华盛顿大学圣路易斯分校的质量和知名度显著提升，本科生申请人数急剧增加，入学学生的学术表现[如美国"高中毕业生学术能力水平考试"(SAT)、班级排名、高中课程质量]显著提高。该校亚洲计划中一个逐渐形成的目标是，吸引来自亚洲的本科生申请者，这些申请者的生源质量将与从美国招收的学生旗鼓相当。亚洲国际咨询委员会的工作为该校加强国际参与特别是在亚洲的参与奠定基础。

二、麦道国际学者学会的启动

2004 年在韩国首尔举行的亚洲国际咨询委员会的会议上，会员们提出了建立麦道国际学者学会的方案。华盛顿大学圣路易分校提出了一个基于与国际知名大学合作的方案。虽然这一方案最初将重点设在亚洲的潜在伙伴，但预期将拟议的方案扩大到世界其他地区。其设想是与研究型大学建立伙伴关系，使合作伙伴以双边和多边方式参与合作教育和研究方案。该方案一个主要的目标是建立基础设施以促进教师和学生在解决重大全球问题方面的合作。这些全球问题（例如气候变化）是任何一所大学都无法单独解决的，事实上，任何一个国家也都无法单独解决。预计拟议的麦道国际学者学会所开展的研究生和专业教育新模式，将吸引该项目合作大学的毕业生作为优秀硕士和博士研究生就读华盛顿大学。

当然，麦道国际学者学会只是世界各地优秀大学为国际学生提供的重要教育机会之一。也许最著名的项目是 20 世纪早期英国牛津大学创立的"罗德奖学金"项目（Pietsch，2011）。最近，在麦道国际学者学会成立之后，清华大学的"苏世民学者项目"（Schwarzman Scholars Program）也随之成立（Osnos，2013）；斯坦福大学于 2016 年也启动了"奈特—汉尼斯学者奖学金项目"（Knight-Hennessy Scholars Program）（Gioia，2016）。这些重要的项目为那些入选的学生提供了绝佳机会。麦道国际学者学会有一个独特而重要的组成部分，即与世界各地一流大学的合作。这种伙伴关系使更多的教师和学生参与合作教育和研究项目中。

（一）麦道国际学者学会的合作院校

华盛顿大学圣路易斯分校试图从世界各地找到顶尖大学作为战略合作伙伴。当然，像美国许多主要的研究型大学一样，华盛顿大学已经与其他国际大学建立了大量的合作关系。通常情况下，这些合作关系是通过"谅解备忘录"（letter of understanding）正式确立的，而且通常涉及本校教师希望与合作院校的教师进行合作研究。建立麦道国际学者学会的提议将重点放在一小部分合作大学上，这些大学将成为战略合作伙伴。这些合作伙伴将成为"首选的"但不是"唯一"的合作伙伴，为个别教员提供建立更传统合作的机会。

合作大学将被视为该地区最好的大学之一。该方案期望与愿意参与合作教育与研究项目的大学建立伙伴关系。2002 年，中国复旦大学就已经与华盛顿大学建立了合作关系，在上海开设 EMBA 课程，复旦大学即被认为是潜在合作伙伴的一流大学之一。和其他潜在合作伙伴一样，复旦大学已经有相当数量的毕业生在华盛顿大学攻读研究生和专业课程。这类大学可以成为麦道国际学者学会的创始成员。

选择合作伙伴的一个重要标准是其研究兴趣和实力。当然，这样做的目的是为教师提供一起合作解决重大全球问题的机会，有利于所有合作院校的教师和学生。亚洲国际咨询委员会在之前八年的会议中，为选择亚洲大学的合作伙伴做了良好的准备工作。

（二）麦道学者

麦道国际学者学会的核心教育项目计划包括为"麦道学者"提供学习机会，而"麦道学者"是一个由研究生和专业学生组成的智力多样化群体。该学会的目标是努力招收少数极具天赋的研究生和专业学生，成为麦道学者。这些学者将在自己选择的领域申请华盛顿大学的硕士或博士学位，他们还将申请成为麦道学者。华盛顿大学会对所有候选人进行评估，并录取最优秀的学生。这些学者是合作大学的校友；最终，被录取的学者将同时成为华盛顿大学和其合作大学的校友。因此，这些学者将成为华盛顿大学与战略合作大学联系的重要组成部分。除了学术标准之外，被录取的学者还将对成为"全球领袖"（global leaders）感兴趣，他们有潜力成为学术界、专业领域、政府和非营利组织的领袖。麦道学者将获得全额学费、生活津贴以及前往圣路易斯和每年回国一次的旅行奖励。资助期限最长为 5 年，前提是该学者必须完成其学位课程。在美国，这样的资助对于博士生来说是司空见惯的事，但对于专业学位课程（法律、医学、社会工作、商业、艺术、建筑）的学生来说，如此慷慨的财政资助却是罕见的。

麦道学者学会的独特之处在于，学者们会一起花时间在智力、文化和社会项目上，并一起参与领导力提升的准备工作。一般来说，在美国就读研究生和专业教育的学生只与自己的学位课程的学生交流。例如，化学博士之间或艺术学生之间相互交流。麦道国际学者学会将为所有学者提供与其他学者交流的机会，每位学者都将了解、认识其他学者的学术理想，并与这群文化学识多元化的未来全球领袖建立持久的联系。

　　设立麦道国际学者学会的提议，并不是为了招收所有国际研究生和专业学生。在筹建学会时，华盛顿大学大约有 6 500 名研究生和专业学生在校就读。然而，麦道国际学者学会的规模很小，计划只招收大约 100 名来自世界各地的麦道学者。因此，对入选麦道学者的学生来说，这是一次特殊的经历。当然，华盛顿大学本身也已从麦道国际学者学会潜在合作大学的毕业生中招收了许多优秀的研究生，这也是事实。

（三）麦道国际学者学会大使

　　为了与麦道国际学者学会的合作大学进行积极的交流，并协助确定有实力的麦道学者候选人，华盛顿大学将针对每一所合作大学任命一位杰出的教员担任"大使"。大使的角色是致力于在华盛顿大学和其服务的合作大学之间建立"学术商会"（academic commerce）。学术商会指的是教师学生交换计划、合作教育计划以及学生和教师参与的合作研究计划。这种学术商会的设想是吸引更多的学生和教师，而不只是那些入选的麦道学者和大使。吸引一流教师作为大使参与，也确保了华盛顿大学主要学术领袖的参与。该项目所设想的是，每一位大使将是其所负责的合作大学的特别顾问。

　　麦道国际学者学会的大使将发挥特殊作用，成为华盛顿大学与合作伙伴之间的重要联络人，也是与更广泛的华盛顿大学社区之间的重要纽带。被指派的华盛顿大学的"大使"教师一般情况下也会是合作大学的毕业生，因此这些教师也被认为是最佳人选。这些大使也将为学校与合作大学发展未来牢固伙伴关系起到重要的连接作用。华盛顿大学的校友还在一些合作大学担任教职，这是华盛顿大学与合作伙伴之间的另一个潜在贡献。

（四）资助麦道国际学者学会

　　从一开始，人们就意识到需要为麦道国际学者学会提供新的支持。向该学会的学者提供全额学费、生活津贴和差旅费非常昂贵，每人每年将近 10 万美元。此外，还有用于支持大使们的旅行和活动的费用，以及为麦道学者提供的特别项目，当然还有用于支持合作研究项目的费用。最初的资助目标是为每位麦道学者提供 100 万美元的捐赠，并通过向基金会、政府和企业提议拨款和签订合同来确保研究资金。

三、麦道国际学者学会的发展

经过讨论和进一步完善方案，听取亚洲国际咨询委员会主要成员的意见，华盛顿大学圣路易斯分校于 2005 年开始筹建麦道国际学者学会。沃尔斯（James V. Wertsch）教授被任命为创始主任。华盛顿大学付出了大量努力以争取潜在的大学合作伙伴，争取慈善支持，并招募优秀教师担任大使。

（一）麦道国际学者学会的合作伙伴

华盛顿大学很快就收到了大量亚洲大学加入该伙伴关系的承诺。加入麦道国际学者学会的邀请受到了许多学校热烈的欢迎，并且这些合作学校对尤其杰出的毕业生能够称为麦道学者表示出了很大的兴趣。在短短几个月内，15 所合作大学承诺加入华盛顿大学的倡议。截至 2019 年，麦道国际学者学会有 34 所合作大学，在每个人口稠密的大洲上至少有 1 所合作大学。最初设想的合作大学为 30～35 所，目标是在稳定状态有大约 100 名麦道学者。表 11.1 列出了截至 2019 年的合作大学名单。

表 11.1 2019 年麦道国际学者学会的合作高校

所在洲	国家/地区	大　学
亚洲	中国香港特别行政区	香港中文大学 香港科技大学 香港大学
	印度	印度理工学院—孟买 印度理工学院—德里 贾瓦哈拉尔·尼赫鲁大学 塔塔社会科学研究所
	印度尼西亚	印度尼西亚大学

续　表

所在洲	国家/地区	大　学
亚洲	日本	庆应义塾大学 东京大学
	中国大陆地区	中国农业大学 复旦大学 北京大学 清华大学 西安交通大学
	新加坡	新加坡国立大学
	韩国	高丽大学 首尔国立大学 延世大学
	中国台湾地区	台湾交通大学 台湾大学
	泰国	朱拉隆功大学
	土耳其	海峡大学 中东技术大学
欧洲	匈牙利	布达佩斯技术与经济大学
	以色列	赫兹利亚跨学科研究中心 以色列理工学院
	荷兰	乌得勒支大学
南美洲	巴西	坎皮纳斯州立大学
	智利	智利大学
	墨西哥	蒙特雷科技大学
大洋洲	澳大利亚	墨尔本大学 昆士兰大学
非洲	加纳	加纳大学

除了让毕业生成为麦道国际学者之外，合作大学对合作教育和研究项目也非常感兴趣，这些项目可能会让华盛顿大学的师生以及其他合作大学的同事参与进来。设想的研究问题包括与能源、环境和可持续性、公共卫生和其他单一机构无法完全解决的主要全球挑战有关的问题。

（二）教师大使

招聘华盛顿大学的优秀教师担任大使的工作很快就完成了。对国际合作机会感兴趣、且通常对与某个大学合作特别感兴趣的教师，都会被邀请成为大使。大使们会得到一笔微薄的酬金和用于参观他们所服务大学的津贴。如表11.1所示，2019年的教师大使群体从侧面体现出了知识多样性。教师大使中很多也都是他们所服务大学的校友，因此这进一步加强了与院校合作伙伴的联系。

（三）慈善支持

华盛顿大学尝试联系了一些总部设在美国的跨国公司，寻求对麦道学者的支持。当然，跨国公司在其组织的许多领域都需要有才能的人才，支持麦道学者的初始资金被视为公司了解有才能的毕业生和专业学生以及了解美国以外主要研究型大学的机会。这些公司从一开始就清楚，麦道学者不会被强制加入任何赞助公司。事实上，该项目也决定，从华盛顿大学毕业的麦道学者可以自由地回到他们的祖国，或寻求留在美国，或前往第三国进行他们的初始工作。这是对所有华盛顿大学的研究生和专业学生的相同政策。在几个月内，10家公司承诺支持麦道学者，包括总部设在圣路易斯的爱默生（Emerson）和孟山都［Monsanto，现为拜耳公司（Bayer）］，以及总部设在其他地方的一些公司，包括康宁公司（Corning）和波音公司（Boeing）。所有的企业赞助商都有兴趣了解学会里的合作大学，并通过实习和可能的雇用关系潜移默化吸引着那些非常有才华的麦道学者。

除企业赞助商外，董事会成员、亚洲国际咨询委员会成员麦道（John F. McDonnell）在2005年承诺捐赠1 000万美元支持学院，学院以他的名字命名，以表彰他的重要支持和对学院愿景的贡献。麦道在2017年又做出了2 000万美元的捐赠承诺，肯定了学院的成功，以及为不断发展的麦道国际学者学会提供额外捐赠支持。对华盛顿大学的捐赠承诺总额达到约7 500万美元。此外，企业和基金会也继续为学院及其课程提供支持。

(四) 麦道学者的职业发展

2005 年 10 月,麦道国际学者学会在纽约正式宣布成立,2006 年秋季招收首批 12 名麦道学者加入华盛顿大学。2020 年,华盛顿大学在读的麦道学者人数为 87 人,接近当初设想的目标,即约 100 名麦道学者。截至 2020 年,已有约 130 名麦道学者完成学位,并在世界各地就业,主要在学术界和企业工作。随着该学院吸引力的增强,学院决定美国公民有资格申请成为麦道学者,且最多可以有 25% 的学者来自美国。对"美国学者"的要求之一是,他们须在其中一所合作大学里完成部分硕士或博士课程。从华盛顿大学毕业后,学院也鼓励学者相互之间以及与华盛顿大学保持联系,并积极努力促进校友网络建设。

华盛顿大学的所有学院都享受到麦道学者作为学生的好处。麦道学者都非常优秀,并且都在华盛顿大学取得了硕士或博士学位。为了保持大学内部对麦道国际学者学会的支持,确保大学的所有学术单位都能从学会中受益是非常重要的。

截至 2020 年,获得硕士或博士学位的麦道学者仍处于独立职业生涯的早期。然而,重要的是,他们中有相当一部分人现在在与麦道国际学者学会合作的大学从事学术工作。这些教师将加强华盛顿大学与合作大学之间的合作活动。此外,这些教师将能够帮助确定有才华的候选人成为麦道学者。表 11.2 列出了麦道国际学者学会的信息以及他们的工作性质和地点。正如人们所希望的那样,麦道学者跨越了广泛的知识领域,在许多领域都有职业发展,为全球领袖网络的发展作出了贡献。

表 11.2　麦道学者的职业发展路线[1]

职 业 类 型[2]	所 在 地 区
学术领域—38% 商业领域—25% 创业或非营利组织—6% 其他专业领域—31%	非洲—1% 亚洲—29% 欧洲—5% 中东地区—3% 北美洲—56% 大洋洲—4% 南美洲—2%

注：1. 此处分析基于至 2020 年 4 月所获得的 129 位麦道学者的相关数据。
　　2. 学者受聘用的雇主共有大学 40 多所,其中包括 8 所麦道国际学者学会的合作院校。

（五）麦道学者的独特体验

麦道学者在华盛顿大学校园内举行知识、文化和社会活动。例如，学者们可能会参加圣路易斯交响乐团（St. Louis Symphony）的音乐会，然后与音乐总监进行一次社交和知识交流。学者们还参与了正规的领导力教育。通过这些项目，学者们相互了解，并建立了有意义的联系，这种联系在他们从华盛顿大学毕业后仍将继续。这些互动建立了学者们之间的信任，麦道国际学者学会的创始主任沃尔斯（James V. Wertsch）教授说，学院提供了一个"讨论不安全话题的安全场所"。学者们彼此之间有知识上的交流，并一起讨论那些有争议的主题演讲。随着学者之间信任的建立，可以对争议的主题进行公开讨论。

麦道学者在两年内通常需要进行两次集体旅行，一次去华盛顿特区，一次去纽约市。这些旅行的目的是建立对美国政府、商业、政治、文化和历史的了解。旅行包括一系列的活动，包括与联合国秘书长、国会议员、媒体和商业领袖等的会面，丰富学者们的经验。此外，还有时间参与社会活动，例如在纽约市时，通常会观赏百老汇戏剧演出，与华盛顿大学的成功校友交流等。这些经历共同建立并加深了学者之间的友谊，同时也丰富了学者们对彼此不同兴趣和与学术理想的理解。

（六）麦道国际学者学会合作伙伴会议

麦道国际学者学会大约每两年召开一次合作伙伴会议，目的是让学术界领袖和学生聚集在一起，听取有关全球紧迫挑战和解决相关问题的方法。这些座谈会旨在加强合作教育和研究计划，除了麦道学者和大使外，还有许多师生参与。通常情况下，合作伙伴会议包括合作院校的校长、其他学术带头人、教师和学生出席，包括麦道学者和大使在内的参会总人数约为 300 人。两次会议在圣路易斯举行，其他会议则在合作大学所在城市共同主办，如香港、孟买、布里斯班和北京。讲座的主题包括：能源、环境、可持续性、公共卫生、营养食品和清洁水的供应问题以及全球人口老龄化。麦道学者参加这些会议是他们在攻读硕士或博士学位期间的另一个独特经历。通过让所有学者积极参加合作伙伴会议，学院提供了另一种独特的团队体验。特别是一起进行国际旅行，是为麦道学者提供共同经历的好办法，可以为他们今后承担领导角色做好充分准备。

在合作伙伴会议和教师大使的倡议下，麦道国际学者学会的合作院校之间也开展了一系列研究项目和合作教育项目。其中包括继续与复旦大学合作开设行政管理 MBA 学位，但新的项目包括与西安交通大学合作开设社会政策专业，以及与韩国延世大学(the Yonsei University)合作开设金融专业的双学位课程。能源和环境方面的研究合作意义重大，通过麦道全球能源和环境伙伴关系(the McDonnell Global Energy and Environment Partnership)，许多合作伙伴都参与其中。合作研究方案也吸引了各国政府和公司的财政支持，其中包括由几个合作大学共同参与的、以应对与燃煤有关挑战的重要项目。

四、未来的挑战

麦道国际学者学会是一项独特的计划，而且麦道国际学者的教育项目代表了研究生和专业教育的一种新模式。到目前为止虽然取得了很大进展，但麦道国际学者学会仍处于早期发展阶段。随着学会逐渐发展成熟，也出现了一些挑战。

一个挑战是该学会的费用。每个学者都需要大量的支持。尽管这种经验是独特的、高质量的且具有创新性的，但这种"新模式"很难适用于华盛顿大学全部约 7 000 名研究生和专业学生。然而，有一些相对低成本的方法可以将麦道国际学者学会的一些元素运用于此，使所有研究生和专业学生受益。这方面的一个高度优先事项是，为来自不同学位课程的学生提供机会，让约 100 名学生在相对较小的群体中共同获得知识、文化和社会经验，这 100 名学生即是麦道学者群体的规模。

麦道国际学会面临的第二个挑战是合作大学之间的参与程度不均衡。所有合作伙伴都在某种程度上参与了，但有些合作大学的参与程度远远高于其他大学。学会的活力取决于是否有合作大学致力于参与合作教育和研究，并鼓励学生成为麦道学者。由于创办者的愿望是在稳定状态下只招收 100 名左右的麦道学者，从任何一个合作大学那里招收的学者数量都将是有限的。因此，与合作大学的交流必须包括实质性的"学术商会"，让教师和学生参与其中，而不仅仅是麦道学者。为了建立这样的计划，必须为合作教育和研究提供更多的资金。包括研究在内的大部分资金来自私人支持，特别是主要慈善家承诺在华盛顿大学建立捐赠基金。但捐赠基金的可消费收入主要用于支持学者们。针对学会合作大学提出的强有力的合作研究提议，需要来自企业、政府和基金会的研究支持，从而提供有意义的资金支持。

麦道学者明白，人们期望他们彼此之间以及与华盛顿大学保持联系。他们被认定为终生的麦道学者，有义务在有需要的时候相互协作，并帮助加强华盛顿大学和他们之前毕业的合作大学之间的联系。华盛顿大学该如何以一种对学者有意义的方式让所有的麦道学者都参与进来？让这些学者参加麦道国际学院合作伙伴会议是一种方式，但如何为他们的旅行和参与提供支持这是第三个挑战。

第四个挑战是招募愿意为其工作投入时间、精力和创造力的教师大使。一个强大的大使可以极大地影响与他们所服务的大学之间合作关系的强度。但是大使应该服务多久呢？随着大使们的退休，换届也很重要。学会非常成功地经历了一次重要的领导层过渡，德克（Kurt Dirks）教授于 2019 年成为麦道国际学者学会的新一届主任。德克教授接替了创始院长沃尔斯（James V. Wertsch）教授，后者担任院长长达 14 年。毫无疑问，新的领导层将带来更多的创新和机会，产生更大的影响。大规模的捐赠将保证麦道国际学者学会的持续发展，而新的全球挑战将激发新的方法，为学者们提供最佳的教育体验，并催生新的合作教育和研究计划，以使合作大学参与其中。

参考文献

Gioia，M.（2016，February 24）．Stanford launching the Knight-Hennessy Scholarship to attract top graduates. *Stanford Daily*. Retrieved June 22，2020 fromhttps：//www.stanforddaily.com/2016/02/24/stanford-launching-knight-hennessy-scholarship-to-attract-top-graduates/.

Osnos，E.（2013，April 26）．Rhodes East：Why is the Schwartzman Scholarship in China? *New Yorker*. Retrieved June 22，2020 from https：//www.newyorker.com/news/evan-osnos/rhodes-est-why-is-the-schwartzman-scholarship-in-china.

Pietsch，T.（2011）．Many Rhodes：Travelling scholarships and imperial citizenship in the British academic world，188 - 1940. *History of Education*，40(6)：723 - 739. Retrieved June 22，2020 from http://10.1080/0046760X.2011.594096

（林婕、王琪　译校）

第十二章

重建法国卓越：索邦大学、巴黎大学、法国高等教育与研究生态系统

克莉丝汀·克拉利奇（Christine Clerici）

法国巴黎大学（Université de Paris）

让·尚巴兹（Jean Chambaz）

法国索邦大学校（Sorbonne Université）

塞巴斯蒂安·斯泰德（Sebastian Stride）

SIRIS 学术咨询公司（SIRIS Academic）

一、法国高等教育和研究系统的特质

古老的巴黎大学，通常被称为索邦学院（Sorbonne）[①]，是中世纪最伟大的大学之一，与博洛尼亚大学（University of Bologna）、牛津大学（University of Oxford）和萨拉曼卡大学（University of Salamanca）齐名。然而，与这些大学不同的是，它在法国大革命后失去了（已存在一个世纪）地位和声誉。

在近两个世纪的时间里，法国的高等教育系统是由法国教育部集中组织和领导的，教育部里的行政代表统治着巴黎大学，而最初位于巴黎市中心的索邦教学大楼则是安置其办公场所和各院系的大楼[②]。

这也解释了索邦大学和巴黎大学这两所分别于 2018 年和 2019 年创立的大学，为什么称得上是拥有数百年历史。

[①] 巴黎大学最初是一个学术大师和学生组成的学校，索邦学院则是其中的一个学院。

[②] 巴黎大学公署（Chancellerie des Universités de Paris）的官方页面这样描述："索邦教学大楼已经成为法国所有大学和学院的象征……巴黎大学公署的作用是监督巴黎大学区的合法性，并对其实施预算控制。"（https://www.sorbonne.fr/en/）

它们的（再）创立象征着法国世界一流大学的重新崛起，既说明了法国高等教育和研究系统的特质，也说明了高等教育的国际比较在过去15年中对法国产生的深刻影响。

（一）历史背景

与其他欧洲国家不同的是，法国的大学和其他中世纪的机构一样，在1793年被废除，取而代之的是不同领域的专业学校和院系，它们本身也在1808年拿破仑的统治下整合成了一所帝国大学或法兰西大学（University of France）。在随后的两个世纪里，大学既失去了威望，也失去了独立性。

1896年，巴黎大学正式成立，但它仍然是一个纯粹的行政实体，它将巴黎学院的不同学院和学校重新组合在一起。1970年，这所巴黎大学再次被划分为13所独立的大学，编号从1到13。这些大学重新获得了一定的自主权，但仍然受到法国高等教育主管部门的密切监督，所有教学楼的所用权归该主管部门，并且该部门直接聘用所有的工作人员，这样一直持续至2007年。

因此，在过去200年里，法国政府认为大学只是分布在全国各地的行政实体。在法国教育部的官方地图上，各个大学甚至没有区分——没有名字，只有不同建筑的法律地位①。

因此，大学一词在法语中失去了价值。学生和研究人员不认为自己属于一所大学，而是属于一所学院或学校。在法语中，我们仍然使用"fac"（即学院）或"école"（即学校）来谈论我们的工作场所，而不是使用"université"（大学）一词。

这一情况因两类机构的存在而加剧，这两类机构不是大学，而是精英高等院校与研究机构，即高等学院（*grandes écoles*）与国家研究机构。

在法国，来自富裕或知识分子家庭、成绩优异的学生，在合适的中学完成学业后，传统上会被鼓励在通过高中毕业会考（baccalauréat）后再上两年高中，而不是去上大学。在这两年时间里，他们上预科班（*classes préparatoires*），通过竞争性考试进入高等学院（*grande école*），也就相当于世界上其他国家与地区的本科教育第三年。这就形成了一个非常有效的精英繁衍体系。

① 高等教育和研究部2014年出版的《区域地图：2012—2013年学生数据》（*Atlas régional. Effectifs d'étudiants 2012-2013*，p.168）。同一地图集还包含一张对各个大学进行定位的地图（见第174页）。然而，即使在那张地图上，大学也都是用一个简单的绿色方块来表示，里面是1到11的数字，没有名称或其他标识。2019年出版的最新地图集保留了相同的格式，但在标题中包括了各个大学的名称。

因此，上大学，仍然常常被视为失败或"退而求其次"的选择：在工程领域，"高等工程学院"（*écoles d'ingénieur*）具有声望；在商业领域，则为"高等商学院"（*écoles* de commerce），如法国高等商学院（Escuela de Estudios Superiores de Comercio 或者 HEC Paris）；在自然科学和人文领域，"高等师范学院"（*École Normale Supérieure*）具有声望①。在法国，成绩优异的本科生就在高中系统内由高中教师授课。这些教师非常出色，但他们几乎不涉及任何研究工作。

平行研究体系独立于大学之外存在，加剧了这种矛盾的局面。从历史上看，有时需要建立新的机构，以开辟现有机构尚未接受的新知识领域。法兰西学院（the Collège de France）创建于 16 世纪，目的是教授大学尚不允许的领域。巴黎还有许多类似的例子，如 17 世纪创建的法国科学院（the French Academy of Sciences）或 19 世纪创建的巴黎高等研究实践学院（the École Pratique des Hautes Études）。在大多数国家，类似这样的机构可能会渴望升级为大学或被并入大学。相反，在法国，与大学有联系的机构试图独立，因为其声望不存在于大学之内。

从 20 世纪中叶开始，科研的重要性不断提高，因此，法国围绕着国家科研组织建立了一个平行的体系也就不足为奇了，比如法国国家科学研究中心（French National Research Center for Scientific Research），对法国的重要性远远超过世界上其他国家的研究中心在其各自国家的地位②。

另一个复杂的因素是研究实验室的结构。这些实验室大多是国家研究组织和大学之间的合资企业。今天，我们大学所主持的实验室内的研究人员有一半直接受雇于大学，另外一半受雇于有自己研究战略的国家研究组织。法国将研究战略的责任分配给这些国家研究组织，而不让研究型大学承担类似的责任。

这一历史背景说明，将法国的高等教育系统与世界上大多数国家普遍的高等教育系统进行比较是多么困难。当 2003 年"世界大学学术排名"（Academic Ranking for World Universities）首次公布时，法国人民对法国大学没有获得好的排名感到惊讶：2003 年，只有 2 所法国大学进入前 100 名，即皮埃尔和玛丽·居里大学（Université Pierre et Marie Curie，又称巴黎六大，排名第 65 名）与巴

---

① 只有医学和法律领域的声望始终与大学联系在一起。
② 大学如此薄弱的现实也增加了教授个人的力量，他们鼓励国家发展一个全新的、独立与学院的研究机构。

黎第十一大学(Paris Sud,排名第72名)。但人们更为吃惊的是,排名最好的机构是大学,而不是高等学院或国家研究机构①。

当然,高等教育和研究的国际化进程已经进行了许多年,但直到最近,人们还认为法国的制度是非常有效的。它是有机地发展起来的,具有很强的连贯性,这种连贯性来自几个世纪以来所增加的制衡性。

当参考框架不再是国家框架时,这种内部一致性就被打破了。在全球环境中,一旦学生和工作人员将视野扩大到国界之外,并使用全球参数进行比较,这种内部一致性就无法持续。

(二) 变革既是不可避免的,又是必要的

国际排名有时被用来说明很难将法国院校与世界其他国家的院校进行比较。然而,如果国际排名是在法国创建的,那么领先的院校很可能是法国的,比如2007年由法国矿业学院创建的"世界大学专业排名",其中前20所院校中有5所是法国的高等学院②。

法国的制度需要改变,不是因为排名,而是因为:(1)学生和学术人员越来越多地从全球层面而不是从国家层面来考虑他们的教育和职业;(2)三方制度(大学、高等学院、国家研究机构)在结构上对教育和研究目的都不理想。排名的出现将这个问题牢牢地提上了法国的政治议程。

1. 对学生和教师选择的影响

法国高等教育系统面临的第一个困难是,作为一个部门,高等教育和研究的全球化正在缓慢但又确确实实地改变着学生和学者的个人选择方式,导致了在全球层面的调整。

最明显的例子可能是我们上面提到的预科班制度。在通过竞争激烈的考试并被大学校录取之前,多花两年时间读高中,对于那些希望在法国国内发展的人来说,可能是有意义的,但却越来越不符合国际趋势。为什么还要再花两年时间

---

① 法国对排名的科学分析和报纸文章都强调了这一点。例如,《战略视野》(*Horizons stratégiques*)发表的题为"上海排名与大学国际形象：法国面临的挑战是什么?"(Classement de Shanghai et image internationale des universités: quels enjeux pour la France?)文章(2006/2: 100 - 115)。

② http://www.mines-paristech.eu/About-us/Rankings/professional-ranking/。这5所学校分别是巴黎高等商学院、国家行政学院(École Nationale d'Administration)、法国科学院(Sciences Po)、法国理工学院(École Polytechnique)和法国矿业学院(École des Mines)。

在高中准备竞争激烈的考试，以便有可能被一所高等学院录取，而高等学院的声望主要限于法国国内；在同等情况下，学生用在高中的成绩能够立即被一所国外的、国际排名更有声望的大学录取，这就确保了该学生能立即接触到世界前沿的研究，既然如此又何不为呢？

研究人员也是如此，他们不再单纯从国家角度考虑职业发展的可能性，而是愿意接受来自世界各地的工作机会。

这类情况有时被简化为一个纯粹的经济学术市场，在这个市场中，法国的机构无法竞争，因为它们无法提供同样的薪水。然而，研究证明，关键因素与薪水和生活质量（尽管两者都很重要）无关，而是与研究环境的质量和声望有关。因此，影响职业选择的主要因素是"全球排名前五的大学同行"（主要对职业后期的学者而言）和"仅凭研究表现决定教授职位"（对于处于学术职业初期的学者而言）（Janger & Nowotny，2013）；而影响是否赴国外工作的因素包括"能增进未来职业前景的机会""优秀教师、同事或研究小组""国外院校在我研究领域的声望和卓越"（Franzoni，Scellato & Stephan，2015）。

换句话说，研究人员被世界一流的院校所吸引，这些机构已经聘请了许多在其领域优秀的研究人员。在学术领域，声望的力量屡见不鲜，然而，它曾经是以国家为基础的。一旦全球化，竞技场就会扩大，当地的价值体系就会被抛到一边。

2. 法国的研究表现

为了更好地应对法国高等教育和研究系统所面临的挑战，法国研究型大学联盟（French League of Research Intensive Universities）下令对研究绩效进行深入的比较研究（SIRIS Academic，2019）。研究的结果清楚地表明：在欧洲，与丹麦、荷兰或瑞士等国相比，法国和德国的制度都表现得很不理想，而这些国家的制度实际上比英国或美国表现得好。

从全球绩效指标来看，如研究产出和引文比例、注重研究的大学排名等，法国和德国的弱势表现确实如此，而且在选择性较强的指标中表现尤为明显。如果看一下更详细的卓越表现指标，结果就更清楚了：

- 一般文献计量学数据，包括领域加权引文影响、Top1%和Top10%的引文比例，以及251个领域的详尽表现。
- 在前沿领域的表现，如生物技术或快速发展的技术主题。
- 个人研究表现指标，如高被引研究人员和ERC奖项。

在尖端领域,法国的表现在机构一级(而不是国家一级)以及在选择性较强的指标上的表现尤其薄弱。

在"欧洲地平线2020框架计划"(European Horizon 2020 Framework Programme)中,法国和德国的累计损失都超过了10亿欧元,而荷兰在同一时期却获得了近10亿欧元的收益,这就体现了我们的弱点。对于这种明显缺乏竞争力的现象,需要谨慎解读,因为其中一个重要原因与历史和语言有关。

英语只是在近几十年才成为无可争议的科学通用语,20世纪70年代全球英语出版物的比例超过了50%(Augusto & Ammon,2007)。相对规模较小的国家如丹麦和荷兰,以及像中国这样的新兴科学强国,已经适应了这种变化。

在法国和德国(就像日本和俄罗斯一样),想要转型相当困难,且目前仍在进行中。在预备课程中被录取,为科学院发表法语文章,或获得国家奖项,都是很有声望的,每一项成就都是了不起的。问题是,这些成就都无法在全球范围内进行比较,因此,在将法国的研究绩效与其他国家比较时,这些成就都不会被考虑在内。这一点很重要,因为它决定了学生、研究人员和企业如何选择学习、职业与创新投入的目的地。

然而,法国研究系统令人失望的表现不仅是由于历史原因,也有以下几个原因:

- 与其他欧洲国家和经合组织国家相比,研发投资明显滞后。
- 研究系统的结构产生了强烈的负面影响,特别是由于国家研究组织的作用。
- 大学对其人力资源缺乏控制。
- 增加自主权、问责制和改进治理模式的必要性。

这是法国高等教育和研究系统从国家向全球过渡如此复杂和重要的第二个原因。

3. 衡量法国的研究绩效

法国研究系统的绩效相对较弱,而衡量研究绩效的方式所带来的困难则加剧了这种情况。事实上,在主要研究型大学实验室工作的研究人员有一半以上受雇于大学内的国家研究机构,这一事实造成了影响力方面的困难,排名和文献计量机构无法解决。

直到2019年,即使法国国家研究机构的工作人员在大学全职工作,但仍未被计算为该大学的高被引学者，因为科睿唯安的高被引学者列表仅考虑学者的主要工作隶属关系所在地[1]。2019 年，法国高等教育和研究部最终要求所有的国家研究机构向他们的研究人员传达，应该把其开展研究的大学作为主要隶属机构，而不是国家研究机构。因此，在 2020 年，许多法国大学的排名将会大幅提升[2]，尽管在我们的实验室里进行的研究并没有发生实际变化。然而，这一积极的变化不会影响许多其他类似的问题，比如《自然》（*Nature*）和《科学》（*Science*）文章中作者从属关系的计算方式[3]或者是科学网（Web of Science）所收录论文作者的联合隶属关系[4]。这些问题与法国高等教育和研究系统的结构有着内在的联系，只有通过在法国大学内部更好地整合研究实验室才能得到解决[5]。

国家研究机构、高等学院和大学之间的高等教育体系分离，对基于声誉调查的排名产生了更大的影响，比如"QS 世界大学排名"和"泰晤士高等教育世界大学排名"。

这些排名是在英国的背景下设计的，那里的大学都是具有高选择性的，并且明确地专注于不同的使命，精英院校［例如：罗素集团（Russell Group）］倾向于相对较小的规模且非常注重研究。因此，这些排名榜单都是由规模较小的大学

---

[1]　科睿唯安的高被引学者名单包括所有学者的主要和次要从属关系。高被引学者是"世界大学学术排名"所采用的 6 个指标之一。为了避免大规模"游戏"，"世界大学学术排名"只计算高被引学者的主要工作单位（Bornmann and Bauer，2015）。因此，一位研究人员在 2018 年从索邦大学转到法国国家科学研究院，直接导致该校在"世界大学学术排名"上从第 36 位降至第 44 位。

[2]　初步计算表明，许多大学的排名将提高 25% 以上，例如索邦大学可能可以从第 44 位上升到第 32 位。

[3]　"世界大学学术排名"中被《自然》和《科学》收录论文的指标，使用分数计数将文章归为机构。论文的通讯作者可以获得最多一分的奖励，但是，如果他们有两个隶属工作单位，那么只有第一个隶属单位会被授予最大的点数。由于我们的许多研究人员受雇于国家研究机构，这再次对法国的研究绩效计算产生了强烈的负面影响，一些文章虽然是在法国大学的实验室里发表的，但获得的分数却较少。

[4]　"CWTS 莱顿排名"（CWTS Leiden Ranking，以下简称莱顿排名）将法国大学中隶属于国家研究组织和大学的研究人员发表的文章作为共同出版物。因此，莱顿排名统计的法国出版物总数少于意大利，而在"科学网"（莱顿排名使用"科学网"的数据）中，统计的总数要多得多。在领先的法国院校中，例如巴黎高等师范学院，莱顿排名在一些年中（如 2013 年）并未将其计入结果中，尽管这些机构在一些主要指标中表现良好，如前 10% 高质量论文比例（2019 年，该校在该指标上排名全世界第 19 名）。如今，这导致了法国大学在影响力指标上的不足表现，而且目前法国政府也采用该指标来衡量法国卓越计划的影响；如果来自国家研究机构的研究人员被认为是大学的雇员，并以这样的身份署名其发表的论文，法国大学将可立即获得莱顿排名的数百个名额。

[5]　斯高帕斯（Scopus）和"科学网"（Web of Science）都试图通过将一个实验室的全部研究成果与其所属机构联系起来来解决这个问题。当实验室是一所大学和一个全国性研究机构的合资企业时，这是有用的，但当实验室是多所大学和多个全国性研究机构的合资企业时，就可能导致异常的结果。与之前的例子不同，法国大学从中受益。例如，"世界大学学术排名"到学科排名包括法国的院校，但它们并不是相关领域的专业机构。这是因为将实验室中所有研究人员的全部科学产出与每个独立机构联系起来，即使其中一个独立机构只雇佣了很小一部分的研究人员。

主导的，这些大学的研究生比例很高，研究重点很强，其知名度也很高①。

2015 年，巴黎狄德罗大学（the Paris Diderot University，即巴黎第七大学）在《泰晤士报高等教育》（*the Times Higher Education*）的引文指标中以 92.2 分位列法国第一，研究表现明显处于世界一流水平。然而，在"泰晤士高等教育世界大学排名"中，巴黎狄德罗大学却以 19.7 分的成绩在研究指标上表现最差。

引文得分（拟衡量研究影响）与研究得分之间的差异，是由于《泰晤士报高等教育》主要依靠声誉调查来衡量研究标准而导致的。换句话说，他们要依赖于国际学者将巴黎狄德罗大学确定为其领域的十大大学之一。之所以没有出现这种情况，是因为全球范围内很少有学者意识到法国高等教育和研究系统的复杂性。

因此，当在填写声誉调查表时，国际学者们会联想到他们的法国同事，并假设这些法国同事在巴黎大学（当时还没有巴黎大学）工作，或者他们知道这些同事在法国国家科学研究中心工作，但《泰晤士报高等教育》并未将这些研究中心视为大学，并且一旦意识到巴黎大学和法国国家科学研究中心都不被《泰晤士报高等教育》包含在有效选项时，这些国际学者就可能最终将一个非法国机构列入问卷。因此，就法国的情况而言，《泰晤士报高等教育》的"研究标准"指标并不衡量"研究"，而是衡量一个非常不同的参数，可以称之为"对法国高等教育和研究系统的理解程度"。

二、法国的高等教育和研究系统的改革

前文描述的高等教育和研究系统的参考框架要发生深刻转变，需要几十年的时间。向全球参考点的转变始于 20 世纪 70 年代②，2000 年代中期是一个转折点。当时报纸开始评论法国大学在国际排名中的表现，如"世界大学学术排名"。这开启了一个改革和重点建设项目的全球进程，这些项目往往明确着眼于创建"世界一流大学"。

---

① 　与本科生占多数的大型非选择性大学（如法国的大学）相比，研究生比例或师生比等指标显然更有利于这些大学。

② 　具有代表性的例子：当某些领域的学者开始考虑在《自然》和《科学》等国际期刊（而非国内期刊）上发表文章时。

就法国而言，这种转变意味着对现有制度的重大变革，应结束高等学院（*grandes écoles*）和大学之间的区别，更好地整合国家研究组织，并根据大学的优势和战略更好地区分大学（例如，可以分为研究密集型大学与专注于当地需求的大学）。

最终目标很明确：创建世界一流的大学，提高法国高等教育和研究系统的绩效，成为连接全球网络和本地网络的关键枢纽，受到学生、学者和公众的信任。这是索邦大学和巴黎大学的宗旨。

（一）法律框架和卓越计划

在法国，关键的改革始于 2000 年代中期：2005 年成立了国家资助机构（*Agence nationale de la recherche*），2006 年成立了国家评估机构（*Agence d'évaluation de la recherche et de l'enseignement supérieur*），现今称为"研究与高等教育评估高级委员会"（*Haut Conseil de l'évaluation de la recherche et de l'enseignement supérieur*）。这两个机构共同改变了法国研究的运作方式，在国家层面推动了以项目为基础的方法（如国家资助机构），并对机构、教育方案和研究实验室进行系统评估（如研究与高等教育评估机构）。

此后，法国于 2007 年出台了一项新的法律，即所谓的《大学自由与责任法》（*Loi relative aux libertés et responsabilités des universités*）。该法提高了大学的自主权以及董事会和大学校长的决策能力。这项法律赋予大学在管理其预算、人力资源（尽管其学术人员仍然主要是公务员）和其运作的建筑物等方面更大的责任[①]。

2008 年启动的"校园计划"（Plan Campus）侧重于按照"世界一流标准"（world-class standards）改造和/或建设新校园。随后，法国政府[②]于 2010 年推出了一项重点建设计划——旗舰行动"卓越计划"（*initiative d'excellence*），以德国和中国等国此前推出的重点投入计划为蓝本的。其目的是通过向入选的学校提供 5 亿～10 亿欧元的长期投资，使法国出现 5～10 所世界一流大学。

接下来是进一步的改革，包括 2013 年关于高等教育和研究的新法律，以及 2019 年的进一步立法。

---

① 这些例子很好地说明了法国大学过去战略能力不足。

② 三个连续的未来投入计划（programme d'investissement d'avenir）共计投入 570 亿欧元。

（二）大学系统还是大学合并？

过去十年来，法国的主要辩论之一是围绕着实现体制改革的最佳途径展开的。当时有两种设想：（1）建立大学制度，使不同类型的机构能够合作并逐步转型；（2）合并院校，创建单一大学。

第一种模式最初受到政府的青睐，政府于 2007 年在各机构自愿联合的基础上创建了一个名为"研究和高等教育集群"（*pôles de recherche et d'enseignement supérieur*）的特定法律实体，2013 年的法律将其转变为"大学和机构共同体"（*communautés d'universités et établissements*），其基础是一个行政区域内所有机构的强制性联合。

这种模式由于对大学和大学系统之间的区别存在深刻的误解，导致了重大困难。伦敦大学（University of London）或加利福尼亚大学（University of California）等大学系统可以促进特定领域内各机构之间的合作，或建立图书馆等共同服务机构（伦敦的参议院就是一个典型的例子），但它们很少被国际排名机构关注，也没有确定共同的国际战略，或要求研究人员在其出版物中加入单一的附属机构。

相比之下，在法国，先有研究和高等教育集群，后有大学和机构共同体。尽管这些机构不是单一的法律实体，也没有权威机构来实施强有力的单一战略，但人们将其设想成会被国际排名计入名单的大学系统，因而认为可以与传统大学相媲美。

第二种模式即合并大学，首先由斯特拉斯堡 3 所大学的校长提出。3 所大学分别是：斯特拉斯堡第一大学（Université Louis-Pasteur Strasbourg I）专攻医学和科学、技术、工程、艺术和数学（即 STEAM）学科；斯特拉斯堡第二大学（Université Louis-Pasteur Strasbourg II）专攻人文和社会科学；斯特拉斯堡第三大学（Robert Schuman）专攻法律、政治和管理学科。

斯特拉斯堡的例子特别有意思，因为它突出了法国正在经历的转型过程是如何由大学自身推动的，甚至更早于国家拨款和资助之前。

斯特拉斯堡大学在其历史上一直处于法德交替管理。作为德国 2 所帝国大学之一，它在 1870～1918 年间受益于大量的国家投资。因此，它一直保留着独特的文化，并在法国高等教育与研究的历史上发挥了重要作用（例如，阿尔萨斯

的研究者大力促进了法国化学研究的发展，他们于 1870 年法国战败后搬至巴
黎。1905 年法律通过教会与国家分离，但该校当时是唯一一所开设神学院的法
国公立大学）。

斯特拉斯堡拥有独特的法德历史。人们认同斯特拉斯堡大学于 1970 年被
拆分为 3 所学科专业大学是国家所做的错误决定。3 所大学之间进行密切合
作，以及与欧洲上莱茵大学联盟（European Confederation of Upper Rhine
universities）到积极交流①。这些都推动了 3 所大学在 2001 年提出了合并的可
能。因此，在全球化对法国体制的影响还未显现之前，在没有任何国家支持的情
况下，就启动了这一进程②。尽管法国教育部施加了压力，要求通过建立研究和高
等教育集群来逐步实现一体化，但 3 所大学还是在 2009 年 1 月 1 日完成合并。

(三) 巴黎地区的 4 所世界一流大学

3 所专业大学合并促进（重新）建立了一所综合性的斯特拉斯堡大学。此后，
又发生了一系列类似的合并，建立了艾克斯·马赛大学（Aix-Marseille Université）、
波尔多大学（Université de Bordeaux）、克莱蒙·费朗大学（Universite d'Auvergne
Clermont-Ferrand I）、格勒诺布尔 · 阿尔卑斯大学（Université Grenoble
Alpes）、里尔大学（Université de Lille）、洛林大学（Université de Lorraine）和蒙
彼利埃大学（Université de Montpellier）。所有这些大学的改革都发生在最近
10 年。

然而，在高等教育和研究机构生态系统较为密集的城市，如里昂（Lyon）、图
卢兹（Toulouse），特别是巴黎（Paris），这一过程要困难得多，因为需要做出选
择，而这些选择并非不言自明。

2010 年，大巴黎拥有 17 所大学（其中大部分为非综合性大学）、几十所高等
学院以及迄今为止最具研究潜力的国家研究组织。大多数这些机构都是研究和
高等教育集群的成员。

由于法国"中央集权"的传统，巴黎地区集中了法国所能跻身世界前 50 名的
院校，因此巴黎的地理位置非常重要。换句话说，从一开始就很清楚，法国的世

---

① EUCOR 于 1989 年启动 https://www.eucor-uni.org/en/about-us/history-of-cooperation/。
② 直至斯特拉斯堡第一大学校长让·伊夫·梅林多尔（Jean-Yves Mérindol）公开宣布该计划后，国家代
　表才意识到并校的重要性。关于合并的历史，见 Musselin & Maël Dif-Pradalier，2014。

界一流大学必然会坐落在巴黎，但周边情况当时仍然未知。

2010～2012 年期间实施的第一轮卓越计划（PIA 1），选定了 4 所巴黎地区大学的联合体：巴黎科学与文学大学（Paris Sciences et Lettres）、巴黎萨克雷大学（Université Paris Saclay）、巴黎城市索邦大学（Université Sorbonne Paris Cité）和索邦大学（Sorbonne Université）。这 4 所"卓越计划"入选学校是目前法国四所世界一流大学崛起的内核。

1.（重新）创建索邦大学

最初的项目是由 6 个高等教育和研究机构以及 4 个国家研究组织提出的。6 个核心机构中的每一个都是高度专业化的，它们之间在学科领域方面的重叠是有限的，从而促进了整合的进程。目的很简单：通过合并不同领域的专业机构，在巴黎市中心（重新）建立一所世界一流的综合大学。

该项目面临两大挑战：首先，6 个机构在各自领域的现有声望和法律地位的多样性使全面合并变得复杂①；其次，由于每个机构都是高度专业化的，而且位于不同的校园，因此需要积极促进各领域之间的协同作用。

巴黎索邦大学、皮埃尔和玛丽·居里大学这两所法国最负盛名的人文、科学和医学大学于 2018 年 1 月 1 日成立。万神殿·阿萨斯大学（Université Panthéon Assas）选择退出该项目，而其他机构仍与索邦大学联盟中的 4 个国家研究组织保持紧密联系。

今天，索邦大学是世界领先的综合性大学之一，拥有 3 个学院（人文、医学、科学和工程），5.5 万名学生，在多个领域发挥着突出的作用。

在整个合并过程中，我们的主要关注点之一是通过促进多学科方法，确保在教育和研究领域实现真正的转变。这一点尤为重要，因为创立的大学产生了一个学院（巴黎索邦大学为例）或两个学院（皮埃尔和玛丽·居里大学为例）。

这就是为什么索邦大学发起了两项重大倡议。在教育方面，传统的本科周期被专业/辅修体系所代替，从而使学生能够在同一系或跨系的两个不同领域毕业。在人工智能、数据、环境、健康工程、遗产和音乐等领域的多学科研究机构

---

① 3 所大学分别是先贤祠·阿萨斯大学（Panthéon Assas，又称巴黎第二大学）专攻法律和经济专业，巴黎索邦大学专供人文专业，巴黎第六大学专供科学、工程和医学专业。1 所技术大学是贡比涅技术大学（Université de Technologie de Compiègne），1 座博物馆为国家自然历史博物馆（Muséum National d'Histoire Naturelle），以及 1 所私立商学院欧洲工商管理学院（Institut Européen d'Administration des Affaires）。

中，促进了将不同领域的团队整合在一起的项目。

2.（重新）创建巴黎大学

巴黎大学在结构上与索邦大学相似，设有人文社会科学、医学和科学3个学院，以及1个地球和行星科学研究所。但创建巴黎大学的故事以及所面临挑战却截然不同。

最初的项目名为"巴黎城市大学"（Sorbonne Paris Cité），由8所高等教育和研究机构、4所大学（巴黎第十三大学、巴黎笛卡尔大学[Paris Descartes]、巴黎狄德罗大学和新索邦大学[Paris Diderot]）和其他4所机构（公共卫生高级研究学院[École des hautes études en santé publique]、国立东方语言和文明学院[Institut national des langues et des civilisations orientales]、巴黎地球物理研究所[Institut de physique du globe de Paris]和巴黎科学大学[Sciences Po]）提出。

然而，与索邦大学的情况不同的是，主要的大学都是综合性的，并非所有机构的研究密集程度都一样。因此，全面合并不仅难以实现，而且很可能适得其反。由于难以超越简单的大学体制，"卓越计划"在四年后接受国际评委会审查时失败。这导致了一场重大的危机，并使该项目接受了深入的重新评估。最终有3所院校选择推进全面合并，分别是巴黎笛卡尔和巴黎狄德罗两所主要的综合性大学，以及巴黎地球物理研究所（Institut de Physique du Globe de Paris）。该项目于2018年入选"卓越计划"，2020年1月1日正式完成合并。

目前，巴黎大学正集中精力建设3个学院，每个学院都整合了2所大学的院系和研究小组。这使得这一过程比索邦大学的情况更加复杂，但强烈地促成了真正共同身份的出现。在这一身份中，2所大学的最佳实践可以使整个大学变得更强。

巴黎大学是一所独具特色的综合性大学，它更是欧洲大陆卫生和生命科学方面的领先大学之一，且在巴黎有15所大学医院；在地球科学、数学、物理、心理学或语言学等领域也是世界上最好的大学之一。

3. 创建巴黎萨克雷大学和巴黎科学与文学大学

最后2所世界一流大学，即巴黎科学与文学大学和巴黎萨克雷大学，所涉及的整合过程比索邦大学或巴黎大学更为复杂，但却是法国高等教育系统长期成功的关键，因为它不仅意味着大学得以合并，也意味着高等学院亦会被合并。

两者都在2020年1月1日通过了一个里程碑式的新法令，由此成为了改革试验田(établissement expérimentaux)①。就巴黎萨克雷大学而言，这一步也涉及到前巴黎萨克雷大学和巴黎南方大学的完全合并。我们预计，从 2020 年开始，这两所大学将与索邦大学和巴黎大学一起被各大国际排名所考虑。

三、结语

本章概述了法国高等教育的复杂历史：从中世纪的"全球性"大学，到法国高等教育和研究划分为高等院校、大学和国家研究组织的国家愿景，再到新兴的全球"世界一流大学"的今天。这段历史突出了过去 10 年机构改革的重要性。但在改革法律框架、推进高等教育整体发展以及深化法国研究型大学的工作方式等方面，仍有许多工作要做。

在国家层面上，法国被欧洲大学协会列为自治权最低的高等教育系统之一②。学校对招聘过程和教师的职业道路等仍然没有控制权，而且我们大学里有一半的学术人员仍然受雇于国家研究机构，如法国国家科学研究中心。法国政府正在努力解决这些问题，我们相信法国的大学很快就能在全球舞台上公平竞争。我们正透过改善策略能力、建立内部数据系统及成立策略咨询委员会，积极为这些变化做准备。

同样重要的是，我们需要走向基于数据和研究结果、基于自由传播的开放科学模型。这一行动的障碍往往是系统性的，学术体系内部的既得利益本身就阻止了行动。这就是为什么大型且知名的研究型大学在带头改变研究的标准实践方面负有特殊的责任。

事实上，除了开放科学的问题之外，优化系统以出产"高绩效的研究"，以引文、声望奖励和高被引来衡量研究人员，显然不是一个高等教育与研究系统应该追求的唯一使命。发展与社会相关的知识、产生具有强烈地方性影响的研究以及教育学生都是至关重要的目标。在这里，成果不仅与比较有关，而且非常具有内在意义：无论你是否试图与他人比较，教育一个学生本身就是一种成就。这些都是我们与法国所有其他高等教育机构共同的使命，这需要整个高等教育和

---

① 这些法律文书使各机构能够更灵活运用不同的法律法规并将它们相结合。
② 请见《欧盟委员会自主性记分卡》(*EUA Autonomy Scorecard*，请见 https://www.university-autonomy.eu/)。

研究系统的深刻变革。①

　　未来还有很多变化，但我们已经迈出了关键的第一步——法国再次拥有世界一流的综合性大学。

参考文献

Birnbaum，R. (2007). No world-class university left behind. *International Higher Education*，47：7 - 9.

Bornmann，L.，& Bauer，J. (2015). Which of the world's institutions employ the most highly cited researchers? An analysis of the data from highlycited. com. *Journal of the Association for Information Science and Technology*，66(10)，2146 - 2148.

Carli，A.，& Ammon，U. (2007). *Linguistic Inequality in Scientific Communication Today*. John Benjamins Publishing Company.

Franzoni，C.，Scellato，G.，& Stephan，P. (2015). International mobility of research scientists：Lessons from GlobSci. In Geuna，A. (ed.) *Global Mobility of Research Scientists*，35 - 65. San Diego：Academic Press.

Janger，J.，& Nowotny，K. (2013). *Career Choices in Academia*. Working Papers in Economics 36.

Musselin，C.，& Dif-Pradalier，M. (2014). Quand la fusion s'impose：la (re) naissance de l'université de Strasbourg. *Revue française de sociologie*，55(2).

SIRIS Academic. (2019). *French Research Performance in Context*. Retrieved May 12 2020 from http://www. curif. org/wp-content/uploads/2020/02/French-Research-Performance-in-Context.-SIRIS-2019_compressed. pdf.

Usher，U. (2019，May 1). Breadth of quality vs. concentrations of excellence. *Inside Higher Ed*. Retrieved May 12，2020 from https://www. insidehighered. com/blogs/world-view/breadth-quality-vs-concentrations-excellence.

（林婕、王琪　译校）

---

① 　正如 R. Birnbaum 所指出的："与其说有更多的世界一流大学，不如说世界各地真正需要的是更多世界一流技术学院、世界一流社区学院、世界一流农业学院、世界一流师范学院和世界一流区域性州立大学。"(Birnbaum，2007)这项任务很复杂，因为正如亚瑟(Usher，2019)所认为的："要把研究成果的分层与学生群体的社会分层分开，可能并不那么容易。"

附录 作者简介

让·尚巴兹(Jean Chambaz)

2017 年 12 月 11 日当选索邦大学首任校长。2012～2017 年,担任皮埃尔和玛丽·居里(the Pierre and Marie Curie University)大学校长。曾任研究部副校长,后又担任资源部副校长。尚巴兹是皮埃尔和玛丽·居里医学院细胞生物学教授。1999 年,创建国家卫生和医学中心肠道代谢与分化领域联合研究单位(UPMC Doctoral Training Institute),2007 年并入科迪利斯研究中心(Cordeliers Research Centre),时任该中心副主任。2005 年,创建 UPMC 博士培训学院。2008～2011 年,担任欧洲大学协会(European University Association)博士教育委员会主席。自 2015 年以来,一直为欧洲大学协会董事会成员。2014～2018 年,担任法国研究型大学协调会(Coordination of French Research-Intensive Universities)主席。于 2018 年当选欧洲研究型大学联盟(League of European research Universities)主席。

克莉丝汀·克拉利奇(Christine Clerici)

于 2019 年 6 月 21 日当选巴黎大学首任校长。2014～2019 年间,曾担任巴黎狄德罗大学校长。法国研究密集型大学协调会的主席,以及高等教育、研究和创新部伦理学院的成员。分别于 1984 年和 1990 年获得医学博士和科学博士。专攻肺病学,为医院功能探索的实践者。1995 年,被任命为生理学教授,2002 年加入巴黎狄德罗大学医学院。从 2005 年起,在比才与路易·摩尔医院(Bichat and Louis-Mourier Hospitals)领导成人和儿童的生理功能探索部门。作为呼吸衰竭病理生理学和流行病学的成员,其研究重点是减少肺水肿病变的机制,包括急性呼吸窘迫综合征的体外和体内模型。

路易斯·克劳迪奥·科斯塔(Luiz Cláudio Costa)

巴西维索萨联邦大学(University Federal of Viçosa)的正教授和前校长。2011~2012 年曾任巴西国家教育委员会委员(Brazilian National Council for Education)，2012~2016 年任经合组织比萨委员会(Pisa Board)副主席;2011~2012 年巴西高等教育秘书(Brazilian Secretary of Higher Education);2012~2014 年任国家教育研究所(National Institute of Educational Studies and Research)所长;2014~2016 年任教育部副部长;2015 年 3 月至 4 月任教育部长。2017 年起担任 IESB 大学学术副校长，2018 年 5 月起担任 IREG 学术排名与卓越国际协会(IREG Observatory on Academic Ranking and Excellence)主席。

黄福涛

日本广岛大学(the Hiroshima University)高等教育研究所教授,上海交通大学客座教授和浙江大学兼职教授。在 1999 年去日本之前,他在中国的几所大学教书和做研究。主要研究领域包括高等教育国际化、学术职业和东亚高等教育。以中、英、日三种语言广泛发表著作。《高等教育论坛》(*Higher Education Forum*)编辑,《高等教育》(*Higher Education*)、《国际教育研究期刊》(*Journal of Studies in International Education*)、《国际教育发展期刊》(*International Journal of Educational Development*)、《高等教育政策回顾》(*Policy Review in Higher Education*)等刊物顾问编辑委员会成员。

埃里克·W·凯勒(Eric W. Kaler)

2011~2019 年担任明尼苏达大学(University of Minnesota)第 16 任校长,2019 年成为名誉校长和教授。在回到明尼苏达大学之前,担任石溪大学(the Stony Brook University)教务长、学术事务高级副校长。1978 年获得加州理工学院(California Institute of Technology)化学工程学士学位,1982 年获得明尼苏达大学博士学位。曾在华盛顿大学(University of Washington)和特拉华大学(University of Delaware)任教,并担任该校工程学院院长。凯勒博士是表面活性剂和胶体科学与工程领域的世界著名学者,于 2010 年当选为美国国家工程院院士,2014 年被评为美国艺术与科学院院士,以表彰其作为工程师和教育领导者的工作。他是美国国家发明家科学院特许院士。

林忠钦

上海交通大学校长,机械工程系教授。近年来的研究方向包括钣金成形、制造质量控制和过程模拟技术,在众多专业组织中发挥主导作用。为中国机械工程学会常委、上海市现代设计方法学会理事长、上海市汽车工程学会副理事长、上海市机械工程学会副理事长、上海市航空学会副理事长。《国际可持续设计杂志》（*International Journal of Sustainable Design*）、《塑性工程杂志》（*Journal of Plasticity Engineering*）、《锻压技术杂志》（*Forging & Stamping Technology*）、《上海交通大学学报》、《机械设计与研究》（*Machine Design & Research*）等刊物编委,美国密歇根大学工程学院（Collage of Engineering）国际顾问委员会成员。兼任国务院学位委员会委员、机械工程学科咨询组召集人。担任通用汽车—上海交通大学先进制造工艺合作研究实验室、宝钢—上海交通大学汽车钣金应用技术联合实验室、数字化汽车车身工程上海市重点实验室以及上海交通大学—中国商飞民用飞机先进制造工艺中心和上海交通大学—唐车高速铁路车辆车身合作实验室的主任。

刘念才

现任上海交通大学世界一流大学研究中心主任、教育学院院长。IREG 学术排名与卓越国际协会（IREG Observatory on Academic Ranking and Excellence）成员。研究兴趣包括世界一流大学和研究型大学、大学评估与学术排名、研究评估与科学政策、高等教育的全球化与国际化。1999 年,进入高等教育研究领域,此前为高分子科学与工程教授。获中国兰州大学化学系学士学位,加拿大女王大学（Queen's University）高分子科学与工程硕士、博士学位,并担任聚合物科学工程学教授。现任多家国际期刊与国家级期刊的编委及顾问。

西蒙·马金森（Simon Marginson）

英国牛津大学（University of Oxford）高等教育教授,ESRC/OFSRE 全球高等教育中心（Global Higher Education）主任,《高等教育》（*Higher Education*）联合主编,澳大利亚墨尔本大学（University of Melbourne）墨尔本高等教育研究中心

(Melbourne Centre for Study of Higher Education)客座教授，莫斯科高等经济学院(Higher School of Economics)首席研究员。全球高等教育中心由 6 所英国大学和 9 所国际大学组成，从全球、国家与地方层面对高等教育进行项目研究。主要研究领域集中在全球和国际高等教育、东亚高等教育、全球科学以及高等教育与社会不平等方面。

巴葛斯·潘德(Brajesh Panth)

亚洲发展银行(Asian Development Bank)教育负责人。具有 25 年从事教育行业的经历，也曾是世界银行(World Bank)高级教育专员。

白杰瑞(Gerard A. Postiglione)

香港大学(University of Hong Kong)教育学院荣誉教授、名誉教授、前高等教育讲座教授，以及亚洲高等教育研究联盟(Consortium for Research on Higher Education)协调员。学术成果包括 20 本著作和 150 多篇文章，包括《东亚大众高等教育》(*Mass Higher Education in East Asia*)、《东亚高等教育的跨界》(*Crossing Borders in East Asian Higher Education*)、《亚洲高等教育》(*Asian Higher Education*)、《亚洲的社会、文化、教育与全球化》(*Society，Culture，Education and Globalization in Asia*)等。曾担任亚洲开发银行(Asian Development Bank)、英国国际发展部(Department for International Development)、美国国际教育学院(Institute of International Education)、国际发展研究中心(International Development Research Centre)、经济合作与发展组织(Organization of Economic Cooperation and Development)、联合国开发计划署(United Nations Development Programme)、联合国教育、科学及文化组织(United Nations Educational，Scientific and Cultural Organization)、世界银行(World Bank)等国际机构顾问。为主要的国际基金会提供咨询，包括卡内基教学促进基金会(Carnegie Foundation for the Advancement of Teaching)和福特基金会(Ford Foundation)。

贾米尔·萨尔米(Jamil Salmi)

国际高等教育专家，为政府、高校、专业组织、多边银行和双边合作机构提供政策建议和咨询服务。在 2012 年 1 月之前，一直担任世界银行高等教育主管。近 25 年来，为全球近 100 个国家的政府和大学领导者提供有关高等教育发展、财政改革和战略规划等方面的咨询。现任智利圣迭戈波塔利斯大学（Diego Portales University）荣誉教授，美国波士顿学院（Boston College）高等教育中心研究员。还是国际质量保证咨询小组（International Quality Assurance Advisory Group）成员，奥林工程学院（Olin College of Engineering）校长委员会名誉顾问，智利教育科技创业公司 u-planner 的董事会主席。于 2009 年出版专著《世界一流大学：挑战与途径》（*The Challenge of Establishing World-Class Universities*），2011 年与阿特巴赫教授共同主编《世界一流大学：发展中国家和转型国家的大学案例研究》（*The Road to Academic Excellence: the Making of World-Class Research Universities*），2017 年 8 月出版《高等教育与可持续发展目标》（*Tertiary Education and the Sustainable Development Goals*）。拥有匹兹堡大学（University of Pittsburgh）公共与国际事务硕士学位和英国苏塞克斯大学（University of Sussex）发展博士学位。

塞巴斯蒂安·斯泰德（Sebastian Stride）

SIRIS 学术咨询公司（SIRIS Academic）的创始合伙人。曾在苏联高等教育和研究体系崩溃前，作为考古学家在丝绸之路中心的乌兹别克斯坦工作 15 年。此期间，帮助建立和协调乌兹别克斯坦科学院（Uzbek Academy of Sciences）与世界其他地区研究团队之间的国际合作关系。SIRIS 学术咨询公司正是在这段经历中诞生，旨在帮助各院校制定愿景和使命，重新思考其战略。目前，该咨询公司与 25 个国家的 100 多所大学、研究机构、公共管理部门、政府机构和慈善机构合作，同时也是"地平线 2020"（Horizon 2020）研究项目的合作伙伴。

田 琳

湖南大学教育科学研究院助理教授、硕士生导师。管理学博士，博士毕业于上海交通大学教育学院，师从刘念才教授。主要研究领域为世界一流大学功能、教育国际化与全球共同利益、一流学科国际水平评价等。

克莉丝汀·A·维克托里诺(Christine A. Victorino)

加州大学河滨分校(University of California，Riverside)副校长。系大学领导层的主要成员之一，在制定和执行加州大学河滨分校的战略愿景和目标方面发挥了关键作用。她在加州大学圣巴巴拉分校获得教育博士学位，并在加州大学河滨分校教育研究生院担任兼职教师。

王 琪

上海交通大学高等教育研究院助理研究员，美国波士顿学院(Boston College)国际高等教育中心研究学者，语言学习与教育交流联盟基金会(Alliance for Language Learning and Education Exchange Foundation)执行主任。于英国巴斯大学(University of Bath)教育学系先后获得硕士学位和博士学位。2009 年 5 月起加入上海交通大学世界一流大学研究中心。研究领域包括世界一流大学建设、就业管理与技能培训、全球化与教育发展。目前研究集中于基于理论和比较视角下的世界一流大学建设。

金·A·威尔科克斯(Kim A. Wilcox)

2013 年 8 月被任命为加州大学河滨分校第 9 任校长。他任职期间，加州大学河滨分校迎来变革性的发展，包括建立新的医学院和公共政策学院。在过去的 4 年里，加州大学河滨分校增加了 200 多名教师，其中包括 2 名诺贝尔奖获得者，同时提高了新进教师的种族、民族和性别多样性。在其领导下，加州大学河滨分校已经成为全美崛起最快的大学，也是实现学生成长与发展的典范。加州大学河滨分校是全美少数几个消除不同收入水平和种族之间毕业率差距的机构之一。作为第一代大学毕业生，在密歇根州立大学(the Michigan State College)获得听觉和语言科学学士学位，并在普渡大学获得语言和听力科学的硕士和博士学位。曾任密歇根州立大学教务长和堪萨斯大学(University of Kansas)文理学院院长。

马克·S·莱顿(Mark S. Wrighton)

华盛顿大学圣路易斯分校(Washington University in St. Louis)名誉校长，也是詹姆斯和玛丽—沃克杰出大学教授(the James and Mary Wertsch Distinguished

University Professorship)的首位获奖人。1995～2019 年,担任华盛顿大学圣路易斯分校第 14 任校长,长达 24 年。1972～1995 年,在麻省理工学院化学系任教,1990～1995 年担任教务长。在担任校长期间,华盛顿大学圣路易斯分校在本科生质量、校园改善、资源开发和国际参与等方面取得了重大进展,开发的新项目包括:麦道国际学者学会(McDonnell International Scholars Academy),阿尔文·西特曼癌症中心(Alvin J. Siteman Cancer Centre),能源、环境和可持续发展国际中心,"生命地球"合作项目(International Centre for Energy, Environment and Sustainability),格拉德公民和社区参与研究所(Gephardt Institute for Civic and Community Engagement)以及公共卫生研究所(Institute for Public Health)。

吴 燕

上海交通大学高等教育研究院世界一流大学中心助理研究员,自 2005 年起加入 CWCU 排名小组,并于 2006 年起成为两年举办一次的世界一流大学国际研讨会负责人之一。研究兴趣包括大学排名与高校评估,并负责 2011 年开始的全球研究型大学档案项目,建立了包含世界范围内 1 200 所研究型大学的大型数据库。自 2016 年以来,负责组织两年一度的"世界一流大学国际会议"(the biennial International Conference on World-Class Universities)。于华东师范大学获得哲学学士学位(2000)与硕士学位(2003)。

米泽彰纯(Akiyoshi Yonezawa)

日本东北大学(the Tohoku University)国际战略室副主任、教授。拥有社会学背景,主要从事比较高等教育政策的研究,特别是对世界一流大学、国际化、高等教育的公私关系的研究。曾在名古屋大学(the Nagoya University)、欧洲经合组织、东京大学等地工作,积累了高等教育政策和管理方面的专业知识。日本高等教育研究会和日本比较教育学会理事。最近合编的《亚洲高等教育研究》(*Researching Higher Education in Asia*,*Springer*,2018)被授予比较与国际教育学会(高等教育分组)颁发的"2019 年最佳图书奖"(Best Book Award 2019)。